U0136214

林祖藻 主編

明清科考墨卷集

第一冊

卷一 卷二 卷三

蘭臺出版社

第一冊　卷一

一日克己　四句

鄉壬子順天　十三名　牛運震

註仁於一日、甚大而權尊也。蓋仁也者、見諸一日、統諸天下而操諸一己者也。抑何其量大而權尊歟、且為仁者將以考天命人心之業。出門則其隅也、入室則其獨也、必使以致之可容遲回歟。道乎大同、性情通焉、功在獨、衛精神聚焉。量大則無外、權尊則無難。此古聖人成身一世、而喻性至命之識、無備以自文之一克己復禮、為仁之能事畢矣。獨是仁也者、必為之預設其規模、而後不自狹其心術、亦必為之嚴立其責成、而後不自諉其才力。蓋最難此克己復禮之一日耳。就止吾官而百骸從、就吾神而天君泰、一日之飲食讌樂遊觀然有清明廣大之象而天心日依仁之洽矣倫日用而閒閒者也莫見莫顯衆欲屏焉不覩不聞萬理涵焉一日之幽獨隱微常存有精嚴渾厚之思而誠德日新仁之對天地萬物而無愧者也莫廣於天理而宇宙為狹血氣之屬環而優為服神明之無私感萬物之一體我知其天相合也必無私覆一物私載一物之量莫近於人情而戶庭為遠身心意知之倫訴而今為君子樂得其道小人樂得其欲我知其立可效也亦必無朝乎一人慕乎一人之幾天下歸仁甚矣仁之大也天下何歸歸在克復克復何事事在為仁為仁何貴貴在由己為仁由己而由

人乎哉一無形之己以為消融無體之禮已而含蓄盎而睟乎性上
宰乎情之貫乎才而聖人之大勇出焉所謂無欲維人者此也苟
（列子御風而行）（泠然善也）
有功過其將焉分而所性所命之準諸天下者可一日任而一日
射乎哉一去己所本無戕勝則曰自克還己所固有中行則曰獨復
蘊理以立心以定志以帥氣而君子之求能克焉所謂不讓
於師者此也雖有勞苦抑又誰告而此心此理之詣天下者敢
一日苟而一日卻乎叢蕪旋諸順己敖而誠天下畏而信發通孔
遠不可以一日而薄吾學術一理貞夫一己弘而毅仁乃尊而強制
外養中不可以一日而忘吾慈勤仁之程如此同其念哉

剝膚存液鏤骨得髓理境中蒸能入木三分鮑落宜歛滌塵封拔新領異辭旨微雋耐人咀味陵名柯先生云作文不患不密患在不能此言為舉業家寶筏惟此獨關畦町洒然讀然使忠清見之定當把臂入林泰季封

一日克　牛

一日克己　四句

雍正壬子順天　元　邵大業

即仁道而廣言之、當求其事於己矣、蓋天下同具一仁、實各具一
仁也、歸仁則驗於人、為仁則操之己、克復者甚重此一日哉、今夫
身世之交、仁道所從出也、一言仁而郡物者失之、逐物者亦失之
（封○北○精○鍊○與○貼○）
矣、驗同然之旨、則應感決於當前、衡獨復之權、則操舍憑於片念
（搏○捺○一○氣○整○上○春○容○）
極真量於無弗合、約其事於無所分、外之有以觀其通、內之有以
決其勝、夫乃得所為克復者而實体之也、予為仁將必取仁之推
（分○領○中○有○至○約○之○巧○）
廣靡遺者而立致之、則存遏之原、不得謂生民無與也、道固有被
精微於浩邈者、而几席非近、六合非遙矣、予為仁將必取仁之宙

邵合墨　　論語

虛有主者而容圖之則危微之介不得謂萬物同憂也道固有人寰宇于齋居者而共學非多獨行非步矣今夫事必有所觀成而

○領○萃○有○易○無○

功必有所衆著有如一日者克己而無不克復禮而無不復欲之

○七○則○文○勢○平○坦

淨而理之純確然自信於明旦則即此一日者已克而天下見其克禮復而天下見其復体之信而逆之順翕然共悉其淵微形生神發各有心知往來之故懿好不忝也吾合之於性量之中涵而

上 二○比○安○相○題○位○此○發○揮○題○義○

○法○發○諸○仁○著○發○精○細○

性所共悟情不我距秉彝之既衆志其咸昭矣類聚群分以此總善意念之乎形骸不隔也吾驗之於天心之來會而天所默召人不能遽純一之修群生其悉喻矣天下歸仁歸此一日耳是故天

直下

下無異理也一日有專屬也與天下共證者吾學之大於一日明

即就一日

中勤入由己

斷者內力之堅其置己於作德也曰依者己之功其置己於作偽

宇宙簸揀

也曰拙者己之皆純雜無兩念而離合祇一心清明之來即爾室

緒上大方

可以知薄海其為己所當存也人孰為我靜而存其為己所當察

也人孰為我動而察局外有褒識而事中無補救精深之地即師

警絕

保不得與幾希乃知道心統之有宗人心操之有本紛華之悅誰

緊一日作難通語淡容神完

則能於一日法之而要不得以此一日之相引相交退縮而求將

陷之助息慮可以忘私澄懷可以觀理當身之責誰不可於一日

任之而要不得以此一日之為通為復泛濫而盧有用之材為之

由己而由人乎哉言效則準諸斯世微吾仁之一原而萬物渾然在宥言理則操之自我知吾仁之不遠（水清堅卓）而當境卓乎不搖一以此思仁之可識矣。

綿密而運以瀾大渾灝而出以堅凝理湛詞醇持滿而發 樂遙廣

上下各發四比起結則對舉說理瑩辟卓法密神完恬吟密詠其味愈出非面壁功深未許率爾操觚 秦季封

一日克 部

一怒而諸侯懼　任以治

無可逃於怒之外者、而諸侯皆危矣、夫衍儀一怒、諸侯豈遂遭其毒、而懼之者已遍天下也、亦偉哉、且三王以道率天下、故天子一怒而諸侯懼、五霸以威脅天下、故諸侯一怒而諸侯亦懼、要未聞身為匹夫而威勢之屈人竟有如公孫衍張儀兩人者、嚙函稱天府之雄、衍儀實先後輔之、似予懼二人者即懼秦也、不知五國之印、衍獨佩之、五邑之封、儀實承之、在秦且先懼二人之怒而特隆其寵靈、雄無並峙之勢、衍儀各據國爭之、似乎不用者懼其怒、用之者樂其怒也、不知衍怒儀而黔中與上地危、儀怒衍而南陽與三川又危二人且不顧諸侯之懼而惟私所為然則衍儀之怒不赫赫哉列邦皆一怒而威獨至魏而不服威命者六七載則不懼者莫如魏然齊魯宋衛諸邦皆藉三晉為外屏之障而魏又適際其衝則衍儀之怒諸侯未有不以魏為首禍也既明知驪虎豢羊進退總無其長策而猶不顧以先人背約者首為臣服之鼎彝則魏之不懼正其懼之深者也他國實無怨不加獨至趙而不出函谷者十五年則不懼者莫如趙顧番吾邯鄲諸地實賴蘇秦主縱約之權而儀已早承其託則蘇氏之令諸侯亦不過分二人之餘威也既明知鑠金銷骨國事必受其牢籠而猶欲以幣重金多

決論似眉山

幸托數無之安枕則趙之不懼又其懼之至者也得位之怒可懼失位之怒更可懼試思義渠襲秦衍實使之而不憚慷慨以入其國齊楚絕交儀實間之而猶敢挺身以待其兵迫至虎狼之口屢入終不聞有一人一士敢攖坐論之儒生則諸侯之心膽墮地者矣非陳軫屈子之流所得而壯其氣畏其怒而加寵則懼深忌其怒而加兵則懼更深試思齊之憎儀已甚而兩城雪恥楚并不敢愛黔中魏之罪衍既深而穴聽洩謀秦又若將讐隱語迫至吞噬之險頻乘要莫不以倒夔垂橐大快英雄之抵掌則二人之揮霍一時者要非甘茂樗里之徒所得而只其才幃幄之地有運籌直

總合九原七澤東海南陽巫山蜀道諸雄藩而統歸掌握三寸之

（諸侯二字著實確鑿）

舌能運掉尤足攝秦惠楚懷燕昭韓釐趙肅齊湣諸鷙王而羣拜

下風二人亦偉矣哉

字挾風霜聲擲金石唐宋人史論從無此雋快者况時文家耶

諸慎梅

星眸電齒霹靂舌奕奕熊熊光燄萬丈此才真不可以斗計 倪

曉湖

一怒而諸侯懼　蔣林

後述策士之怒若以為怒之大者焉夫儀衍之一怒怒成于前也諸侯能無懼乎景春後述之若曰今之挾策以遊諸侯者庭說之（反擊惧字）下每色變而神奪焉彼意中但知有諸侯之可懼也所懼在諸侯（反挑怒字）無怪乎屏息承顏而伺其喜怒者恐恐然幾不成丈夫也乃若衍（古轉）也儀也非但不懼諸侯也能轉使諸侯之皆懼非但諸侯不敢加（而層層緊到）（分開二比）以怒也能轉使諸侯之駭其怒而懼當日者不知衍何所怒于秦（寔寫一層）而義渠之君以計相從至使秦形格勢禁而卒以不逞也秦自此（虛寫一層）懼矣推此而諸侯之脇其事而膽寒者皆怵惕焉惟衍之一怒是

懼矣當日者不知儀何所怒于楚而商於之約以僞相嘗竟使楚兵敗地削而遂以不振也楚自此懼矣推此而諸侯之聞其風而（從開一筆方）股栗者皆惴惴焉惟儀之一怒是懼矣（合譜張神情）衍之怒不與儀謀而佩五（交互二比）國之印以震慴乎諸侯者諸侯既懼衍復懼儀威名堪相為匹敵儀之怒不與衍謀而散六國之從以恐喝乎諸侯者諸侯方懼儀復懼衍氣勢迭任其憑陵是故衍不必頻頻然濆用其怒而衍或（挑剔一怒四小比）一怒儀不必數數然輕發其怒而儀或一怒衍怒而衍之智計方（陽發諸侯）陽發之于一怒儀怒而儀之謀畧即陰用之于一怒而可以寒諸（惧二比）侯之心而可以弱諸侯之勢而可以割諸侯之地而可以戰諸侯

六六使之惕息奔走于其一怒之所摧殘而兩人者且虎視而之制其命而諸侯之屣則已蹙而諸侯之國則已空而諸侯之師則已衂而諸侯之力則已困使之震動繹騷于其一怒之所蹂躪而兩人者方洩忿而自快其毒二怒而諸侯懼豈不誠大丈夫之怒也哉悄忿立名共駭夫犀首之爲號氣焰可畏爭雄于吾舌之尚存迨其怒已解而天下得以休息也大矣哉儀衍之爲丈夫也哉

抱轉一怒

點題

帶下句

衍

儀

題神從上句大丈夫三字來要寫得一段張皇口角情境方肖中間或用實筆或用虛筆分發互發部伍整齊而氣勢排宕有萬馬奔馳之快

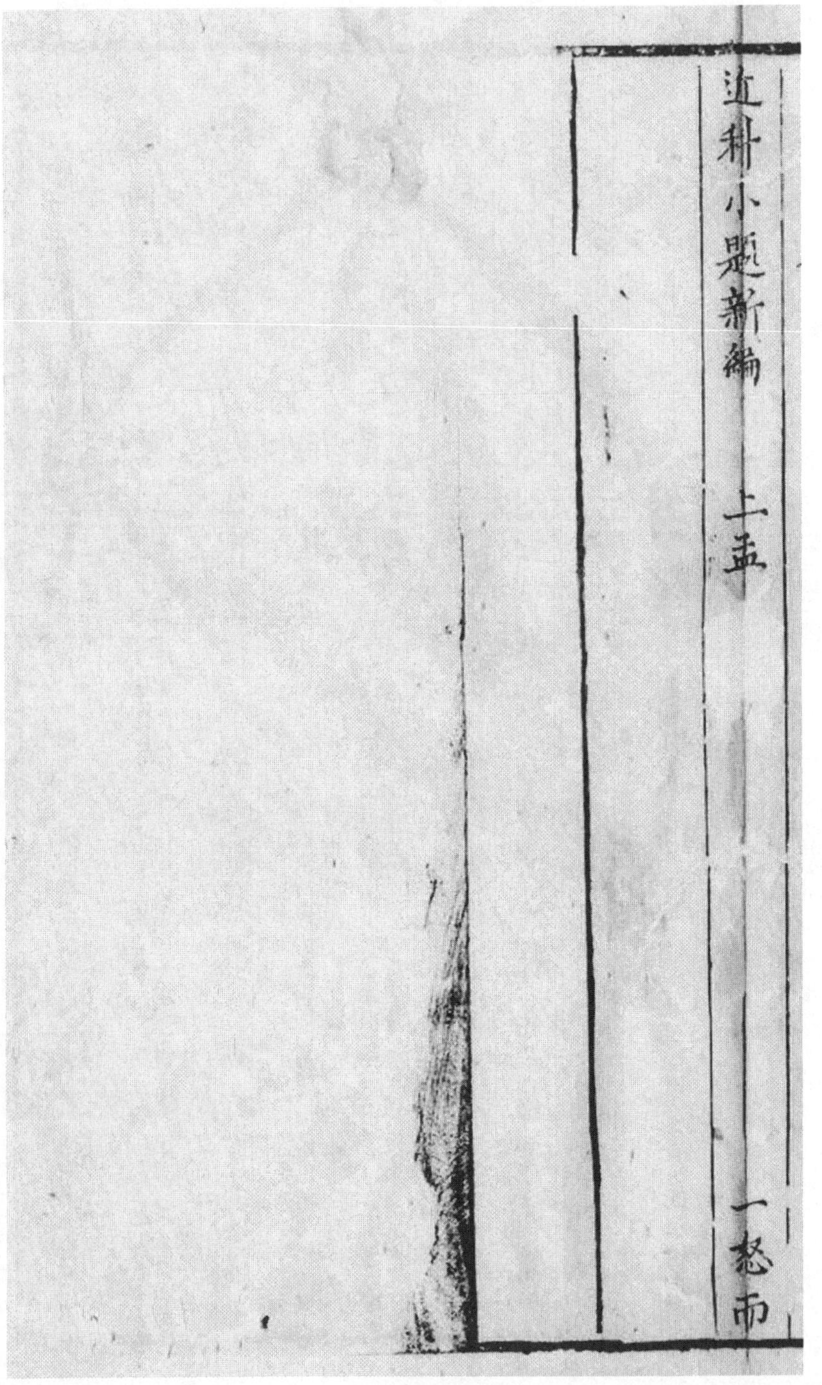

逍耕小題新編　上孟　一怒而

一簞食　何加焉　蔡以臺

與受自有常情當思萬鍾之無以加我矣夫不受不屑而得諸生死之交則欲惡誠不爽矣彼萬鍾亦何所加於我而獨不辨而受之乎且自世與我周旋而此身損益之數與當前常變之機若相引於靡窮夫當其變有自然之義理不失其常當其常無内照之精神淪形其變是豈明於大而闇於細哉世途顛倒類難究詰亦何不即我之所以為我者一叩其真也欲惡之良人皆有之大欲惡於我何重生死於我何輕亦可知此心之根於分定者原無能加損其間矣且夫與受之際所為人世難堪者又可勝道耶予奪

原衡而聲音笑貌有拒人千里之外者則志氣清明不覺動然而取舍亦無成見而時窮勢迫有不食嗟來而至茍即責志捐軀何弗怡然自適釋爾與之蹴爾與之何無禮無義至於斯極也雖行道乞人有為簞食豆羹忘其故我哉今夫事莫不習於相忘而物莫不貴於有用置死生而論簞豆式食豈無庶幾式飲豈無庶幾而此身取給偏從潴洳相遭其細已甚棄之如遺可也乃即簞豆以決生死苟一飽之無時即百生其莫贖而驕語相形尚可明辨以晳則卻食嗟而弗顧何異置萬鍾以罔聞也而况食息優游原無死相操之急而况生乎斯訢奭非尋常行乞之儔我

之爲我何如者而獨於此中則不辨礼義而受之哉萬物其皆備矣蕭然無與之中至虛而含至實而區區外物曾何足少益其生前道腴其可味矣淵然具足之中至無而涵至有而悠悠吾思乃獨動情於華膴於我何加此即礼義所可麾而不屑不受者自在將內重外輕之意亦不辨而自明烱清事之向然所謂嘑爾蹴爾者何限而今非昨是之間須臾倉皇而失措嗟乎萬鍾而已與生死中之一簞一豆孰輕孰重必有能辨之者

堅練雅秀

循題位置華歌墨舞游衍自如洵丹成九轉候也

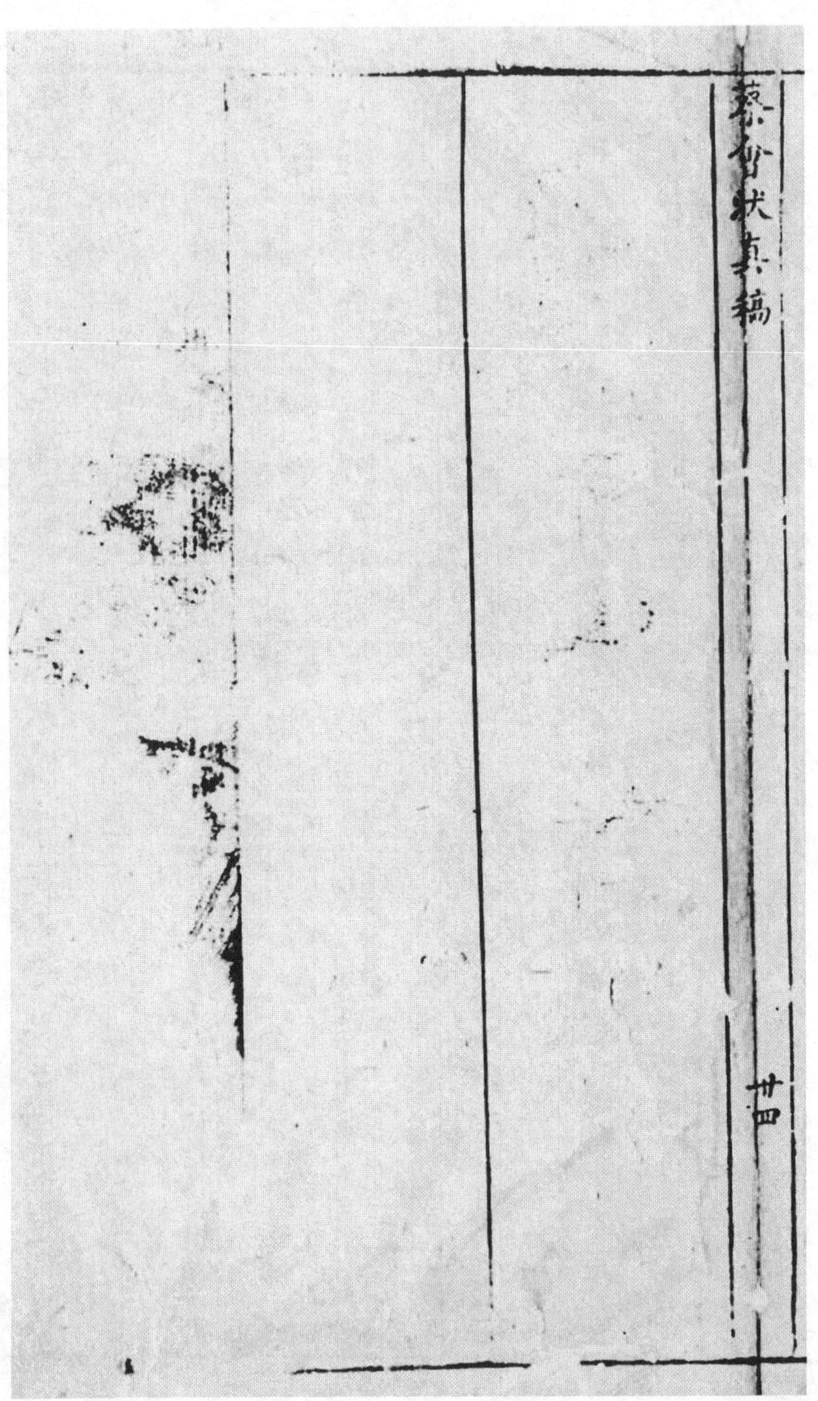

蔡會狀真稿

十一征而無敵于天下　李紱

商師無敵、可以征矣。夫有與敵、即非征也。既無敵矣、即十一征、庸何傷。且夫兵凶戰危、非其人焉、則不可以嘗試。在昔[illegible]有熊氏七十戰而兵不殆。後此則成湯以十一征將闡。當其時夏桀作威數虐萬姓者、已成獨夫之形。簡賢附勢、實繁有徒者、亦[illegible][illegible]盡之數。合而計之、十有一焉。以十一視湯、若苗之有莠也。從其莘[illegible]之[illegible]、方欲伐之、而來儀而以湯視十一、若苞之有蘖也。乘其[illegible]然之[illegible][illegible]、欲奪之而不可。一師出有名、其所忘者匹夫匹婦之命、兵宜為與其所說者仁人君子之師、並以其身為天之吏、故[illegible]鑾所及、遠若雷霆。以其身奉天之命

（使小敵當）

（劃出無敵二字、擾伏又雖切人深厚）

（說出無敵處）

故號令所行貴若草本一歲之餘可傳檄而定也數戰之後可迎刃而解也十一之征無敵天下矣何疑焉上伐下曰征而湯獨以下伐上蓋承天而討有罪即夏桀亦當退而處臣子之班尚安得天子哉敵國不相征而湯獨以國伐國蓋過虐以鎮無良即十一不得進而論交鄰之道其能恃先王哉一故曰商師無敵可以征也

融鍊緒其工緻亦從嫺而有骨　劉大山

精悍雄剛有不可犯之色此為事詞斡旋

十目所視　二節　　金聲

觀嚴與潤之間、君子之誠意決矣、夫指視之嚴、必不可逃、則富若潤身者之廣而胖也、誠意而已、夫何疑、嘗謂意之欺而弗誠也。起於念之紛而不決。既不決矣。而爭於末流。乃使爲善之事。適以自若非學問之本指也。夫君子之慎獨。乃君子之誠意。所以必然而不惑。必行而無待者也。豈有所爲也哉。顧其得失甘苦之途。則蚤晰然矣。吾之善不善吾自受之。原不有藉於天下之指視而後見。吾善之利。見吾不善之害。則吾之有爲有不爲。吾自動焉。非有憚於天下之指視而後有不獲已而爲有不獲已而不爲。舍吾意而問之手目。舍吾獨而

（嚴潤界限。檢。點。得。法。）

（逆挈末句。折出）

閒之手目之十。若或見之。若或摘之。則若或督之矣。去非所惡就非所好則寔有所畏焉耳。大道何寬。其居斯之嚴乎。今夫家溫而食厚者。固深藏若虛也。自無陋其居者矣。精心以崇德者。固泊乎無營也。自無困其身者矣。吾所好則遂好之。天下莫能禁也。所惡則遂惡之。天下莫能加也。何求不獲。何欲不得。而跼蹐於高天厚地之中。吾得吾好惡之所必得。非勞心焦思而得也。中吾好惡之所必中。非困頓束縛而中也。耳目自暇。手足自閑。而豈攖萬物以賞善罰惡之權。心則廣。體則胖。吾所得於天者。初無不足。而所以奉吾身者。悠然有餘。以嚴若彼。以澗若此。君子則安得而不慎獨哉。慎於獨而意之所往

俯仰可思

直下

看他牽出心廣體胖

獨斷獨行初不知天下有可欺之自惟不慎而誠之所濟畏首畏尾乃一人亦有莫能自必之意至於揜其不善而著其善若迫於人而無可奈何者也豈不謬哉蓋世之小人有二以爲天下必莫予指必莫予視而可以爲不善也此之謂欺人以爲天下必或指我必或視我而不可不強爲善以應之也此之謂自欺曾不念心廣體胖者誰耶而反以自苦也

正希原從嚴字看出心廣體胖字蓋心廣體胖不可寔指獨以小人閒居及十手十目比類而反觀之則潤身二字可想矣正希得此意故手舞足蹈揮洒成文作看似翻駁十目十手勘細看乃表

明曾子反言以見意也讀者詳之。要曉得十目所視三句乃戒足閒居爲不善節咏嘆文體耳非謂君子因此而慎獨也因此而慎獨心不廣體不胖矣　艾千子先生

不獨看題之妙而行文全乎古法又何常不用比偶近以散亂擬古願熟讀此種文　韓慕廬

何時虎榜魁天下不負壽中一寸心

人力不至於此

金以成

不歸功于人力意别有所托也夫齊之勝燕亦必非人力也乃謂人力不至於此殆欲别有所托耶想其謂孟子曰有是哉寡人不圖齊之於燕也而竟至於此哉夫師既出于有名功亦成于不測自旁觀而論鮮不謂既盡經綸力而後至於此也然而寡人竊有以自憐矣知五旬而舉國寡人之所不及料也乃以寡人之不及料者而忽焉至於此即亦群臣之所不敢必也乃以群臣之不敢必者而業已至於此是於此而寡人之心若為之大快矣至於此而寡人之心又若為之大驚矣噫是誰之力哉斯時有頌寡人者有賀寡人者僉曰參

後四一髮

目之後侍御則有虎賁之臣欲行則有掇堅之士以至良將銳師運籌帷幄紛紛者不一其人也夫是以用力多而成功遠以至於此耳

措一宗平四此一服寡人亦不至于此

顧寡人思之我有秉上彼豈無謀臣乎兩軍之勢固足以相當而謂人力可至於此即如我有元戎彼豈無武士乎二國之雄安肯以相下而謂人力竟至於此即夫人力可以備敵人力可以禦敵豈必猶人力一無可恃第以不煩歲月之久而遽獲此大勝則恐有所未能

翻上句

人力可以破敵人力可以滅敵亦非謂人力可以盡殄敵以止在俄頃之間而遂成此捷效則恐有所未能然則今日之臣於此自良誰

用意翻空寫出天下恰合

之力哉歸之軍旅軍旅不知歸之將帥將帥不受即歸之寡人寡人

亦有所不居請得而縷諸實之天

先將至於此點逗二比隨作一折呼起方字或翻更此或付予人力後用一句擲轉寔發人力不至於此紙上折得開合得儼遂成一篇榜樣文字折字之法良為作文金針。折字之法予前選消集中已再三叮嚀今選家乃有專集行世皆袂予言之不孤吾願學者凡遇單題除如語氣圓圓及一字題不能拆開者勿論已其餘稍可拆開者或順拆或逆拆皆當如是佈置即至字數稀少題如節用二字必先將用字提起然後折入節字以合全神無衆寡三字必先將衆寡提起然後折入無字以合全神蓋從此拆開則

須從或潤神理秀達即此二三字題皆可拆做求工而況長句題乎學者因吾言而通之則四子書中題句可以概其半矣

人力不至於此　單題

陳琛

不自恃為人力者，專其意於取也。夫齊之勝燕，孰不以為人力者？王若曰：至此者非人力也。其意何居？以為世主簡將出師，曠不恃臣民之力，為天下雄，而況威加大國，所繫尤非渺小者乎？乃有奏績於一旦，轉若難信。諸棠朝者，寡人豈遽置勛猷於匆閒，而將不敢盡將其功也。五旬而燕舉，噫，斯時有為寡人幸者曰：燕之轍亂旗靡者，我軍之用命也。有為寡人賀者曰：君之滅此朝食者，武夫之克震也。由是齊之諸臣僉曰此人力也，齊之國人僉曰此人力也，即泗上諸侯王聞之，莫不曰此人力也。自寡人思之，其信然耶？其非然耶？抑有主乎？

始天下

其失者而特借之以人耶如其非耶汶盟之積何以即撻於剸征督

也省至更換法

三疑之後以三筆省

亢之圖何以即陳于齊陛未可以為非也如其然也豈冀北之師果

若出二字

弱于山東之士乎奚以不意其至此者而竟至此豈泰岱之軍誠勇

於幽燕之衆乎奚以深顃其至此者而果至此于是燕人喪師之日

一股喪師

有耀威者若而人曰非吾人之力不至此在若人因自矜其力也而

力之所以制勝者何其旌抑我師奏凱之日有示勇者若而人曰非

一股奏凱

吾人之力不至此在斯人固僅恃其力也而力之所以威服者何其

一股告廟

將人力至此四字作三層排擊

遠且寡人告廟之日有爭功者若而人曰非吾人之力不至此在夫

人專歸美於力也而力之所以奏功者何其撓尚徒以力也以寡人以

人力不至於此（上孟）　陳琛

力而得之燕人即以力而失之均力也孰爲爲之而得失殊分邪寡
偏言許多解說
人雖自解矣倘徙以人力也燕人以人力而敗之寡人又以人力
而勝之均人力也誰爲爲之而勝敗各異耶即人亦難自信矣意其
應前用韓文雜於合
非然矣汶篁之植非無自而樹于薊丘督亢之圖非無故而陳于秦
陛矣而冀北之師非果弱于山東之士秦武之軍非誠勇于幽燕之
以此句爲承應前　用筆奇妙但與點明
衆矣此誠有主乎其先者特借之于人者乎問之軍旅軍旅不知推
歸中幅意稍背後學亦當有其然處
之將軍將軍不受讓之寡人寡人必不敢居何也人力不至於此請
得而歸諸天

小題今日作法與先輩微有不同先輩全用正面其反面對面不

初學文得　二五　人力不陳

過一句兩句耳。即如此題。若出自先輩。或八股或十股。定是寔發到底。其布置較難。今日一友半篇。轉入正面。照應收拾。便可了局。雖在古文亦有此作法。然毋竟討便宜。初學相題而試之可也。

人之所不學　一章

江南張學院科試　芮源
高淳縣學三名

騐知能之良於愛敬可以見仁義之同矣夫知能何良而仁義之然

為愛敬者即其良也惟其不學不慮也所以達也令天下有不具仁

之良者乎曰無有也天下有不具義之良者乎曰無有也夫具仁義（良字）（達字）

之良而究不必識其所以良亦未嘗於其自然者思之於其同然者

陰之也吾令以仁義望天下苟得一能仁義者而快然矣苟得一知（從仁義出入文能）

仁義者而快然矣吾非以仁義強天下亦以天下皆自有仁義也其

良也夫天下之良焉者未有不達者也令使人之於仁義而必學乎（從良字打通達字卻綰愛敬於後不犯題也）

能仁學乎義而後能義則仁義之說可通於學仁學義之人

通於不學之人烏乎達也則烏乎良也今夫人之於仁義而必慮乎仁而後知仁慮乎義而後知義則仁義之說可通於慮仁慮義之人不可通於不慮之人烏乎達也則烏乎良也然獨不觀于（中即有分）（即透來了）（折落）愛敬之心乎哉孩提無不愛其親則是徧天下無不愛親之人也其知愛而能愛也何其良也稍長無不敬其兄則是徧天下無不敬兄之人也其知敬而能敬也何其良也斯並而可以衍仁義之為[illegible]矣（良字上翻醒妙甚）舍曰是不可以為仁則何以親親者自孩提而盡然也夫誰學之而慮之也此可見生而知愛者即全體皆仁也不學而無不能仁也不慮而無不知仁也無他親親達之天下仁之良達之天下也今日[illegible][illegible]

不可以為義則何以敬長者自猶長而豈然也夫誰知之而忽之也此可見生而知敬者即全躰行義也不學而無不能義也不慮而無不知義也無他敬長達之天下義之良達之天下也然則人心之同然者皆其自然者也而猶疑仁義之良非我固有哉

杼軸手懷靈机一片 原批

惟愛敬為知能之良而達之天下所以為仁義也從良字打通達字以見仁義之不外乎愛敬机局最靈起手就仁義提出良字達字而愛敬尚留在後不為侵占末節也且通篇机局如此似未故從原本

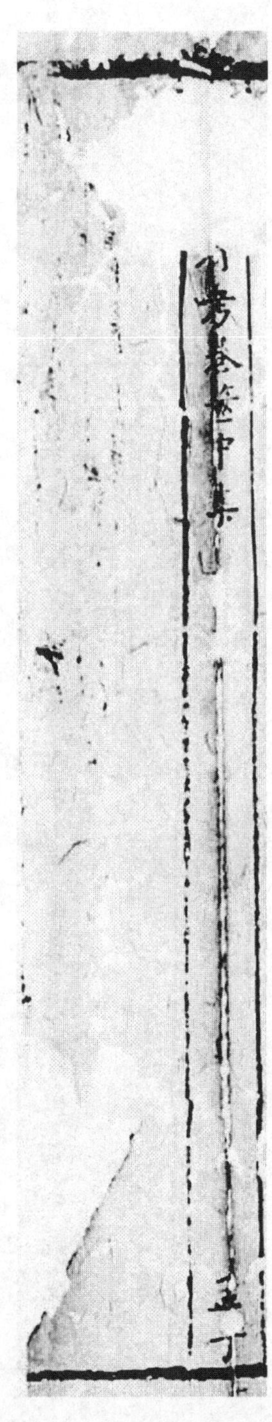

人之所不　全章

郝敬

大賢論仁義為固有，即其共知共能者推之也。夫愛敬之心，仁義之理也。不學不慮而皆有之，不可以識仁義之真體哉。孟子意曰：一叚之理，會于吾性而運于知能，人之外，仁義者未知仁義之本于愛敬，而愛敬之原于固有也。吾試推之，蓋仁義公共之理也，必天下紀同（四句言必）

（達之天下而後可為仁義必良知良能而後達之天下指盡之要）

無間之情而後可以言天下之公理，必人心無，無為之良，而後可（就良能）

（卽神之由愛敬在後段　不紀是）

以言天下之公情，是故能取必于學則學者能而不學者不能，非達

（以打通達以天下）

天下之能也，而惟良能則不學皆能焉。知取必于慮則慮者知而不慮者不知，非達天下之知也，而惟良知則不慮皆知焉。天下未有能

不生于學者而愛親敬長之能則寔不待于學（倒煞孩提）雖孩提能之矣天下未有（直走來何勢甚）知不生于慮者而愛親敬長之知則寔不待乎慮雖孩提知之矣孩提且能而達之天下何有不能之人孩提之知而達之天下何有不知之人即是不可知仁義哉故人皆以函蓋一世爲仁吾獨以愛吾親爲仁何也愛達之天下必人心之真愛人心之真愛是即民胞物與之本矣不然（説達學歸合良學師帶來歸著）一人愛一人不愛亦人生以後之私情乎不得謂良而可謂之仁乎人皆以栽成一世爲義吾獨以敬吾長爲義何也敬達之天下必人心之真敬人心之真敬是即長民利物之原矣不然一人敬一人不敬亦人生以後之私情乎不得謂良而可謂之

義乎。蓋天不以一人私一人。而為天下大公之理也。知能之達于
天下者。乃可謂之仁義。奈之何自昧。其良知良能。而離愛敬。以言仁
義哉。

惟達之天下。故為仁義。惟良知良能。故達之天下。起處提出仁義。
將達之天下句。即打通于良知良能內。則知愛知敬之達于天下
而為仁義。不煩言而自融洽矣。困勉錄曰名士謂既出乎人之
本然。必通乎人之同然。故妙盡達之天下句。以應轉上二節。語無
二意也。淺說以上一節為言愛親敬長者人之本然。末節言愛親
敬長人之同然。殊快。此文前就良字打通達字。後就達字綰合良

字將良字達字貫通為一，可証淺說之悞。但微嫌其行文條直少渡趣。○徐作云：所見于親惟有可愛，所見于兄惟有可敬，而且天下之子生而同愛，天下之弟生而同敬，就孩提稍長之無不知愛知敬，直指出達之天下意，亦妙甚。

人不間於至三復白圭

數文　方德懋　又功

即人言以驗實行而已言又當慎矣夫人言有間非孝也已言有玷非慎也此閔子有以驗稱孝之實而南容所由取白圭而三復乎且夫評論之虛實徵於行而事爲之表先見於言有不愧乎行之實者言以發潛德之幽光有慎持乎言之先者行以課畢生之謹飭此以知敦行之交稱於人者又必循辭之慎守於己也嘗論閔子騫之孝而知孝之稱甚難言矣撫篇什而盟心見夫詩詠白華往往流連慨慕以爲此古孝子之圭璋令望也而不謂今乃得之閔子騫也夫閔子騫不藉藉以孝乃稱者哉謂門內之誼切非

若門外之分疏疎者而容有未信不無論說之二三矣茲則一倡百和幸哉有子應無愧清白之家聲覓胥月易起私情旁觀每伸公論公者而或有難憑不無稱道之歧異矣茲則衆口同聲無忝所生已可表純白之素志閔子之稱孝人亦有言無間於父母昆弟矣且夫觀人之法有因行以驗其言者亦有因言以考其行者從來至情之感發每多默化而潛移一行感而言即隨之有實行必無虛言也自古烝乂聞而岳牧明揚繼述脩而顯名普著子職克供不且欽如圭璧乎以是知令聞令範中可覘至行已上而榮辱之樞機方且一室而千里言立而行必副之欲敦行必先謹言

人不間於至三復白圭（論語）　方德懋（又功）

也自夾爻象凜括囊之義金人坐緘口之銘由言無易非謂玷不可磨乎以是知朝吟夕詠闇可驗脩儒已彼南容之于白圭不嘗取而三復乎夫詩之詠言者不一矣柔木之詩曰蛇蛇碩言伐駟之詩曰秩秩德音而白圭尤有深切著明也蓋言為行之表言一失而尤悔交集疑謗在庶民小子遺憾即在父子家人此殆未守捫舌之箴者矣而南容所為凜凜也即詩之當復者亦不一矣周南為化理之原關雎之章宜諷誦名南亦脩齊之本鵲巢之什必涵濡而白圭別有守身取義也蓋言為行之隨言不慎而表正無由遂何以為天下家邦之式近矣以寡妻兄弟之型斯殆未知

出話之慎者矣而南容所稱稱篤也或者謂容之先有莊子其不改父政之一事亦嘖嘖以孝是稱者彼南容豈其爲後而弗傳耶而夫子于南容益别有取云

珠圓玉潤弓捲手柔文入妙來固應有此樂境

以不間　方

人不間於其父母昆弟之言

戊午　吳世英

稱孝者無異詞可以徵實行矣蓋非其實有於中則父母昆弟之言
且不可得況欲人之不間乎宜子之以孝推閔子哉若曰天下之
所不言而同然者大都在庸行間矣顧著於外者要必本於中苟
非內美素孚則無以浼乎家庭而無以行乎里巷而欲强人情以
譽其所未信勢必不能乃吾觀閔氏子而後知立德洵有真也吾
蓋有以驗其孝矣用行習之故感乎各動於天人人其事非乎
而身受者樂道即非身受者亦樂道焉曲之許其甯尚匪易
得也庸俗耳目之交稱許亦因其實然然一詞偶出而始共信之

者少焉繼而疑之者亦少焉矣口而譽其賞識自有真也今夫覌
色笑於庭闈則以幸哉有子以賢羨於伯仲則曰愧不如兄人苟
點弟兄處
得此亦復何憾然而父母昆弟之言伊可懷也人之多言亦可畏
也僞其術有間焉吾又安知其孝之果無歉耶蓋天下之公論出
兩意夾出合際
於人古今來得親順親之事有時同室不欲言而歎於之至情偏
能達於道路之口此以知存乎人者雖睽也而可發其誠而天下
之刻責亦出於人古今來盡愛盡敬之為有時同室然不信而笑
啼之偏態獨不滿於里鄰之心此以知係乎人者豈合卒而易彌
似有神行
其隙乃何以言及閔子之孝而人之言與其父母昆弟之言若合

一[illegible]也最足異者人于一日之自盡而未俗每驚為難得之奇以彼子職自供萬不欲稍〻昔適乎於衆論孰意驗之遠邇不啻相得益彰也夫庸德本非立名之地縱使令聞昭茂要豈孝子所樂抑揚吞吐其味無窮言乃至性相通自有不謀之合吾見歡然者門以内也竭然者門傳神外也民彝物則之内發不期而得此同聲矣最可喜昔人子百年之若心而積久亦能報以不刊之譽以彼撫躬自疚又豈料衆默者竟著為美談孰意証之家邦不啻相視莫逆也夫潛德之無彼騖之光縱使寂〻無稱亦於孝子何所損乃人心不泯並來快意之詞吾見始則藹然其莫伸也久則翕然其交贊也商聲和

人不聞於

近科房行書菁華　論語　下四　吳

之中尚無心而存此公道矣是知有其實者自致其名而積之厚者其先自遠考哉閔子騫人言如是吾又何間然哉

渣滓去而精微存反覆回旋味如炙轂錯中子金節題作面墻東稱為天地間至文觀此夫復何讓　殷會登

低徊唱嘆令人孝弟之心油然以生　紀曉嵐

人民

湖南□學院科試 杜林
寶□縣學一名

有所以固邦本者、亦諸侯之所宜寶矣。蓋人民邦之本也、知寶之而本斯固矣、土地之外、此非其所寶、今以諸侯之撫有土地也而更欲外此言寶、得無有侈求珍異之思乎。不知即此目相對之百司庶尹、與其所怨為惡且賊之群黎百姓、不知者或草芥視之、而古聖人兢兢為稀天下之珍異、其以答予是、然則諸侯之寶果不惟土地已矣。山河帶礪、聖世所以待賢豪也、予驅萬錦、使不以之禮名臣、而宵小僉壬或反與共謀、土壤則有國而無人、識者即有空靡之嘆。廬井市廛、哲后所以安黎庶也、我疆我理、使不以之耕千耦而爭地爭城或且因而賊民命則有國而無民識者更有旦夕之憂若是則人民之重為何如乎得人者昌失人者亡人才也盛衰實關國運之隆替君子觀躋〻師〻於繼代而知禹湯文武

排〻示〻八〻子〻

之所以王也夫門左千人門右千人遊說之士遍天下而懷仁慕

誠〇論〇以〇類〇推〇出〇之

義之儒乃或終老於岩穴今日之人不可言矣惟進之以庠序也之以賢能華袞赤芾不以徵庸流而以冀後彥吾未見人才盛而

叔〻孫〻莫〻衆〻

治有不登於上理者也而人主得不重愛係之戀得民者王失民者亡民心之向背即為興衰之樞機君子觀林〻總〻於聖朝而知夏后殷周之所以盛也夫武士十萬為齊舉十萬軍旅之供遞費

[illegible]而服田力穡之子乃至不安其家室今日之民不忍言矣誰奏之以風聲聚之以井里稼穡蠶桑不以奉戰士而以畜農工吾未見民心歸而國有不固於盤石者也而人主能不貴重視之歟聞草萊開阡陌小民之脂膏日以供策士之誅求人以為無民而不知早已無人矣夫欲愛民先擇人（二義自不可少）朝廷既無討剔之臣草野自安無事之福迄今歌鹿鳴者首重視民之不佻則人之增重於邦家也豈區區千乘之照所能擬其高下哉飾車馬奉幣帛遊士之徒來日以勤小民之奔走人以為有人而不知早已無民矣夫欲求人先愛民膏澤之蘊惜不下藥於閭井而好爵之縻乃始無憾於

廟廊自古識治體者端在養民以致賢則民之繫櫰於宵旰也豈（史對經）
沾沾連城之玩所可較其重輕哉是故諸侯之所宜寶者其一斷
在人民也而無政事則亦如此人民何矣

旌旃飛揚波瀾秀逸原評
説得出人民可寶處須鬖鬖還他可寶之人民深識老筆潑墨
淋漓

人有鷄犬放　此興題

物亦有放焉者人可自衛矣夫鷄犬之放係乎人者小也然亦有放（〻蔽心字）
焉者人果聽其自放否耶且人非甚愚凡物之係于吾身者即不能（虛〻懸入）
審輕重審不辨得失哉夫人情有常得之物即重者多不自審而偶（切本題作合　貼鷄犬　心字作對）
失之物即輕者亦易自辨也豈以物之在外者竟任其去來而不加（貼放字反收）
意乎放其心而不知求何人之放焉者多而求焉者少也亦焉放焉
者在人則求焉者亦在人而人何終不知也吾蓋甚哀夫人也一以為
求焉者惟人則知求者亦惟人而人乃終不知乎吾得還質之人也（蒙上背即踏通下意）
而人不有鷄犬乎夫鷄犬其輕者也人不有鷄犬放乎夫鷄犬之放（〻点次有法）

從倒字求

其微者也人豈昧焉而放之乎使誠昧也則未放而若忽既放而弗驚也夫一物之微誠可相忽何以同晨者忽徃乎人必曰雞放矣同夜者忽徃乎人必曰犬放矣夫日習而忘之偶放而驚之亦若固有者之忽焉也而人有昧焉而任其放焉否也一人豈怠焉而放之乎使誠怠也則必不放而視以為常既放而忽以為異也夫一物之失當亦甚常何以昧且不曉乎人必曰雞何放也尨吠不聞乎人必曰犬何放也夫存之而若常放之而若異亦猶本有者之忽逾也而人有怠焉而聽其終放否也且天下有放焉而莫測其時者雞犬之驚獨

大

與其時乎人誠防之于未放之先將無或放之時何至忽然而放

下能　閒盦　志

○言○○○是○進○有○字○插○致○生○動

也然鷄不何知遂為而放者有之誘焉而放者又有之人豈從饑餓

○○振○云○能○用○盡○

於未放之前而曰雖悔何追也哉抑天下有放焉而莫得其鄉者鷄

犬之放豈無其鄉乎人或持之于欲放之日亦必得其所放之鄉又

字

何至紛然而放也顧鷄犬何情關之而猶放者有之縱之而即放者

又有之豈竟坐視於既放之後而曰自我失之也哉則知求之而放

心獨不知求乎

眼注心手寫鷄犬並知求慾兩邊俱到而用筆亦靈敏

人有鷄

分法小題文乘珍集

人有雞犬放　王澍

天下無可放之物，不必更問其放矣。夫物孰有雞犬賤也，然不放則已，苟其放之，有也者，將憐其放也。大也天下也物，苟其非我所有，不得謂之放。放焉者必我所有也，而失之者也。乎天下疏矣，乃始以為我之有則撫矣。故吾謂天下寧無可放之物，無論人必也，即以雞犬當其有時與人相依，人日習而安之，而忘焉，如不覺其為我有也。及其既放，與人相遠，始猶習而安之，而忘焉，而不知其亡，不為我有矣。則此雞犬也，必非欲其放而放焉者也，又非不欲其放，業付之無可如何，而放焉者也。故今雖已放，而還憶其初未嘗非人所有，即今雖其

為人有而所治者雞犬所有者猶有放雞犬之人也則非雞犬自放
人有之而人放之非人放之有之之人自放之也夫雞犬繫焉則其
有其與何當乎得步之數即使終聽其放所失亦不過一雞犬也而
有之者即不能無失聲于是也曰放矣人之有雞犬人皆為耳其心
其無何與乎身世之故即使不領其放其非亦不過放雞犬也而見
其放之然不歸然于是人也曰人之有雞犬放矣棄放亦有別放
之而雞犬無有是雞犬放也放之而雞犬知有是人放雞犬也雞犬
本可有而人忽以為無有是人有雞犬放也即人之放雞犬亦有別
放之而不以為無有是雞犬放于人也放之而皆以為無有求人聽

雞犬放也不忍聽其無有（猝一息少閒）忽已覺無所有是人有雞犬放也爾雞犬而上其輕重不知多少而若人乃獨見有雞犬也爾放雞犬而上其喪失又不知多少而若人猶幸知有雞犬放也然則吾干人何能無懷彼雞犬下落何有而知其放者將偏在人也

人與雞犬非若心之本屬一體但已有之求不容放放久但看華放字此却逼據有字有之放之莫非已也認得為己便自知求乎射人心一字一意一轉一奇無轉不入無意不出

人有雞　王

本朝房行書歸雅集　孟子

○○人有雞犬放　一節　　汪　倓

心之不得同於物也、大賢為不知求者警焉、夫所放在心與所放在物、其輕重何如也、而何知求者之在彼不在此耶、孟子警之曰、甚哉人情之悖也、彼其終日之間、忽忽乎其若有所失也、皇皇乎其若有所得也、彼所為求之者、何其力哉、乃即而視之、則其所措意者皆在吾身以外之物、而于心無與也、吾甚哀夫放其心者之昧于求也、然而彼固有明焉者矣、一物之微、其所甚明也、而一身之寔、其所甚昧也、抑何不反而觀之也、吾甚哀夫不知求者之輕其心也、然而彼固有重焉者矣、物之偶亡、其所甚重、而中之無主、其所甚輕也、抑何

華夫科大題[illegible]　赤子

不轉而致之也今有人以雞犬放

而不知求者乎而何獨至于心

而不然豈我求之雖逾如物之不即至何此無他放者在彼而求者（豈得無）

在此其權來者不能操也乃若人之於心則固非熟在此之心以求（相辦）

在彼之心也但此知放之心而已為求矣但此知求之心而已不放（矣於東子之皆）

矣蓋其權在我而與物之求而不能即至者相遠也吾無解于人之

昧焉而竟不知也我求之良切如物之終不得何此無他求者在此

而放者猶在彼其幾求者不能至也乃若人之于心則固非求者已

並一心于此而放者猶蔭一心于彼也但令此心忽覺其何以放而

即此已是能求之心矣但令此心忽思其何以求而即此已為不放

之心矣無其幾在此而與物之求而終不能得者椒戀也吾殊惑乎人之惘然而終不知也且人之于物必擇其重者而珍之傷哉其瞿（人雞上截）用所知也使其靜驗吾身之內而見夫所放者之尚有大于此也則必且惕然曰吾自有其重者在焉而奈何求之于纖而不求之巨也而一念之自返豈果有出焉而不復入之形邪人之于物常即其所明者而通之幸也其猶有所知也使其因此一端之覺而悟夫所放（好轉落）者之更有甚于此也則必且惕然曰吾本有所明者在焉而奈何忘其於于纖而聽其放于巨也而一念之相推豈果有亡焉而不復存之勢吾非謂吾心之放亦同于雞犬之放也吾竊冀吾心之求亦同

亦雖大之求也彼昏不知吾者如[illegible][illegible]已矣。即與之言學問之道。
蓋有邪乎。
若以一心求一心。則愈求而愈昏亂矣。心雖放千千百里之遠。只
一收便在此。故曰知其為放而求之。斯不放矣。而求之三字亦自
剩了。作者領會斯旨而極言之。真一快也。武曹
我欲仁斯仁至矣。有此妙會。愈覺五峰知言。殊為迂遠。反不如道
人題壁常談。卻是至理也。

人有雞　汪

人有鷄犬　知求　金居敬

心以知求而即得也、爲人計所放而益見矣、夫求之而即得者心、而鷄犬頗未可必也、人之所知在彼不在此何哉、且人心即仁、人實有心而心與仁猶在離合之間則不求者之過也、有之而自放之既失本來之故放之而自求之猶爲不遠之復吾討夫一物之微人且有不任其放而自若者何其昧於求心也哀今之人放其心而不知求者衆矣其人而冥然無復覺也吾甚傷之其人而漫然無所省也吾尚繫之倒奈何其通藏之相違而輕重之失衡也人有鷄犬放則知求之矣非必冥然無復覺也則以其所知通於所不知吾猶有其惜

佚者恐不在博物細故非盡浸然無所省也則以其所知求視所不
知求吾大有其迫切者顧莫非回觀返觀試為人思之放其心若無
畏心矣知求之無放心矣知放之心已落放而欲還之機與夫放者
自物而求者自我殊途也放其心仍有是心矣求放心非放心矣知
求之心即是求之即得之俟與夫我且待求而物猶然放異說也有
放心而不知求吾無以代若人解矣斯世紛歧之數險阻之乘可若
非心為之宰制而役衆於朋從之交者日以無所主之衷與棲為遊
始忘乎其宰制之者之即心矣故既求之後即不異於未放以前而
特不能為不求者寬假於操存而若人終無可據矣此身日用之資

有生之事。何莫非心為之因應。而沉迷於嗜慾之中者。日以有所著之累。相緣而深。竟闇於因應之者之為心矣。故既知之後。原不異於未知以前。而更不能使不知者憑虛而啓悟。此人之所以貴於學問也。

知其放而求之。斷不放矣。晦翁尚以為剩却而求之三字。作者體認良切至也。其靈妙處。亦不減正希先生。原評

節短而語備。在作者稿中。以別構一體。

人有雞 全

人有雞犬放則知求之

栢　謙

物有不欲共放者人非盡不明也夫雞犬之放其小焉者耳然而放即求人孰留人之無知乎且天下事俱以常情論固宜其百無一失也何也物無小而據之以為已有則責責之深俱有察察之明矣吾哀人之所放而既然曰嗚呼此何物也乃不得作雞犬觀（妙處傳影）耶則嘗近驗物理徧閱俗情孰是有之而不顧其永有之者乎下及雞犬細已甚矣然亦重乎其有矣孰是有之而不恐其或佚之者乎微至雞犬直幾何矣然亦慎乎其有矣有則恭之必盡其方有則問之務訂其所亦既有之若之何放之矣放則自悔防之不容

教則自咎駛之太疎亦既放馬停匆於牧馬雖有愚人不忍以身外之物謂非我物而實然固覺馬無他有視為當而迄即驚為變（險○飛○新○穎○奇○刻○關）（盡○則○今○之○惑）也以物之暮動而出入無時莫御其鄉雖於雞犬而不勝執執矣謂愚者盡愚也雖有妄人不忍謂已失之物終非我物而悍然不顧馬無他莫去之易其索之亦易也以物之偶逸而視而不見聽而不聞雖於雞犬而不勝汲汲矣莫謂妄者真妄也人非於雞（雲○山○吞○吐○林○谷○洪○纖）犬而獨智特觸之於有形而防維之術小用焉而未始不精少縱幾之懼不為已有念之欲爭得失者往往如斯矣人非於雞犬乎獨厚特激之於微利而補救之方小試焉而未嘗不周子取于求

仍還我固有人之不遺纖悉者往了若斯矣嗟乎亦知所放更有大馬者耶

售則近諸莊則近腐此晉人清言宋儒理解兼之若難也此種文如入深山中耳目頓改微聞清磬梵音朗然塵埃之外 李範蘧師

趣深於淡味妙於回非澹淬去而清虛來那得到此境界 葉炳南

面面玲瓏如水晶簾內映秋月 謝應南

注定下句則字方活丹丘沆月碧凋稜霞能令雞犬皆仙 張烽宮

慶雲扶質清厓承彩俱是靈氣所結 汪萬九

柄蘊高稿　　香草堂

人有雞

人有雞犬　二節　高宸

人獨昧於求心、當以學問治之也、蓋有放必求者情也、柰何視心不如至輕乎、誠知學問亦無他道、而心頓可終放乎、嘗謂得失之於人甚矣、於其為我有生所得者、必不願其失也、即非我有生所得、者亦不願其失也、乃非我有生所得者、且不願其失而為我有生所得者若反願其失也、則豈此事竟一失而不可復得耶、而昔之人以多其方而為天下防其失、冀其得者、可不思其所自也耶、吾憫人之放心甚於舍路也、彼其人豈誠無知也哉、果無知也、則宜淡焉漠焉視人世一切之[illegible]獨心則緘也[illegible]生古人與稽不以人與居亦

科試錄

何道伭之甚然而悟也哉」亦如廿八〻未無知也彼豈弟淡為漠為於世即一雞犬之微往〻浩〻矣」然而其人究不可謂之有知也[illegible]淡為漠為於不可棄且褻之物其於心之放竟爾悠〻矣則爲是曰心之放也毋亦未嘗學問而然乎顧亦思學問何[illegible]八有自親師友日晤聖賢而越思未能少戢吾不謂心之放者必非學問中人也」第人果讀書有年養氣有素而軼志因以漸開則亡之帛終放者固未有不從學問中來也」然則學問之道夫人可知矣」今夫義蘊之博也學問中之極研甚勞〻也而亦知總為此心而極研也哉是故游之詩書所以探心之源也精之講貫所以斷心之蔽也漸

福清縣

之涵泳所以養心之天也務使偶去之心求為輒來其於極研之道則已畢也入知之乎今夫負荷之重也學問中之進脩殊矻矻也而亦知第為一心而進脩也哉是故虛而主敬所以警心之馳也勇而克己所以防心之誘也勤而踐行所以去心之夸也必令謦小侵心求為常入其於進修之道則已殫也人知之乎且不特此也即知學問淵源必宗二帝而人心則惕以危道心則凜以微可知惟精惟一即此放心知求行為千古統緒之心傳至今學問與蘊具在六經而詩則該以燕鄉禮則備發不敏可知動察靜存止此放心知求留為後學精微

學問之道無他求放心而已矣夫

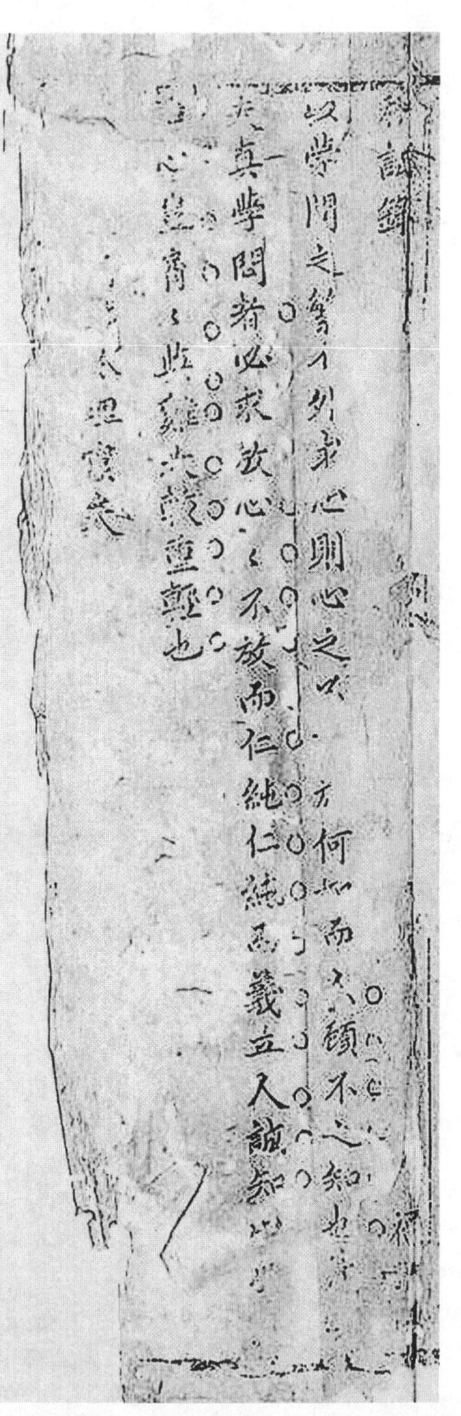
誠錄

以學問之事々列求心則心之收方何如而又顯不之知也

去々真學問者必求放心々々不放而仁純仁純而義立人誠知[illegible]

心豈贅々此雖然幾重輕也

[illegible]理懷卷

二

一

人知之亦　離道

四十二名　王允澄

知不知聽乎人、而尊樂無間於窮境矣、夫士以知不知為念、則無德義矣、尊之樂之、豈因窮達而改之哉、且顧悔固士君子之常然、非澂無所扶持、不能以其身輕重當世、而為當世所輕重者也、是故外之所著、悉根於中之所藏、縱境遇有通塞之異、而素定者總莫之加損也已、如孟子之語句踐以遊、蓋知句踐之心、雖欲人知也、恐人不知也、是不免以窮達之見介於心者也、然豈士之所以自待哉、士之抱負非常、而遇合一任乎數、士之蓄積甚大、而世情不入於懷、一幸而人知之也、泰然以處、而未嘗少有所歉、一不幸而人

不知也脫然無累而未嘗少有所慼囂囂然豈以是介介於中哉

然而囂囂未易言也孟子所以復因其問而明之也蓋必其於性

步湖

分之良一無所虧於天爵得之降衷之初全於有生之後而人爵

之榮奚足以尚之其於履蹈之宜不敢稍渝則制心本乎天理之

亦有徵秉毅之操而外物之誘奚足以奪之德也義也尊之樂之

上下斷語冥意何在

如此則著之於內者既裕而知不知隨其自來囂囂者非矜已也

合分

遇之於窮者既優而知不知皆得自主囂囂者非傲世也此亦奚

緊串　首尾在平日

所性而不可搖故士而窮也惟知守吾義耳苟隕獲於貧賤而介

節或移即已乘其尊樂之素矣士也嚴以自持念慮之間斯如也

夫孰得據其素履之或越也。士亦違也。唯知遵吾道耳。使見詘於富貴。而中情偶動。即已違其尊樂之實矣。士也淡然自安。設施之際。畫如也。夫孰得嘗其率由之或過也。不失義不離道。乃豈以人之知不知為欣戚著哉。而窮難於囂囂。敖然所尊德樂義者積於歲月者深。亦烏能於窮達之際。動罔不宜若是乎。

界畫極清

滴滴貝貝[illegible]題之

橫使從向粗硬語謂之談理。實未曾窺見羅離也。撥脈切理。搃歸乎實。上呼下應。都無斷續。于淡中具精實。光最處見筋節。

此興第二十九名曹君作。皆極有工夫文字。 王學舒

科鄉墨選　孟子

人知之亦　四句（孟子）　王光燮

人知之亦　四句　　王光燮

内重者外輕知不知可例觀也蓋重視乎人則知不知足爲欣戚矣若君子自囂囂耳而遑計夫人之知與不知哉今夫人止此一身耳而以身涉世遂與人成對待之形將在我者我得而主之在人者我不得而主之至於我不能主而見有人者乃不見有我惟我能自主而不設一人之見者存斯境遇之無常可無入而不自得也吾語子遊誠以子之遊也凡以求知於人耳寂寞空山之内志氣如神方將與天爲徒上契乎太虛穆清之表知我者其天乎至以千秋之事業寄諸一日之遭逢則世故雜投皆於我與有相

知字高一層說入

閑之致求勉逐物而意移禰欲陋巷之中心源若接方悠古為徙遠追乎先民在昔之遺古人其知我者至以一室之藏脩託諸四方之結納則人情錯出若與吾心有相循之端或至變本而加厲於是乎有心知之者縱横術士之放辟每艷心於金玉錦繡以博當世之顯榮而令辟旁求必在則古稱先之士藉有招徠賓師以脩顧問宮有館歛前席以致優崇藉由過都越國以求鴻遺物色而乃得酬其知也然而知之者人也於是乎有人不知者楊墨異端之頗淫多肆志於堅白異同以要當途之譽望而邪曲害正反在守先待後之儒三卿去矣名實疑其未加長者絕矣留行諸

其不應蓋自輒殆馬煩而後久擬卷懷而倦厭於不知也然而累
知者人也萬勿伴奂優游以自鳴其得意而俯仰周旋之下偶涉
矜持即已動於知之累而寧靜者殊矣念平時抱膝長吟風切堯
舜君民之碩而得時則駕當以大行而存加則區區高齋學隸之
求直如浮雲之無與人知之亦囂囂一萬無激昂慷慨以自寫其憂
思而精神意氣之間稍存惡阻即已介於不知之嫌而淡泊者異
矣念昔日杜門養晦素安詩書誦讀之常而伏處何嫌豈函遯世
而有悶則紛紛衆謗羣疑之集直如日月之難踰人不知亦囂囂
是則在人有知不知之別而在我無知不知之分任豐嗇之紛乘

而以囂囂者定之有所止而不遷即隨所投而各適宅衷以蕩亦乎吹出汁溟竟若有一成不變之局而得主有常且人雖各挾一知不知之權而我已渾同夫知不知之見任升沉之異致而以囂囂者安之舉念不淆於物引即觸處悉露其天機立體之澄清又若有百折不回之情而靜觀自得子誠好遊亦求所謂囂囂者而可矣

融會全章大旨爲遊士下針砭而子與氏身分自明緒密思淸不減龍標風致　湯遵路

隆中奭外理緻肌平而氣象裔皇有振衣千仞之概　凌魚識

人知之亦囂囂　二句

江南謝宗師科考長洲縣學一名　朱奕恂

有自得於知不知之外者、固非人所得與矣、蓋囂囂之境、固取必于己不取必于人者也、知不知夫何與哉、孟子故以是進句踐也、曰天下遇合之來、可必乎、不可必也、所可必者惟此有主之襟懷、獨超乎遇合之外、而自覺性分之有餘、亦可知餘于己者正不必求餘于人、而人亦不得而忝其有餘不足之數者也、今子之往而遊也、夫非冀人之我知而無致不我知也哉、而特恐其介介然日存一人知人不知之見于胸中、而不能盡釋也、且世主之待遊士也亦卑甚矣、苟其知之、則曰我能尊顯子也、金玉錦繡之奉將緣一知以盡盈其願、而

（取而亦字意）（運掉知志）

何得不欣欣一如其不知則曰我能屈抑子也茹蔬被褐之困且緣不
總筆
知而益增其辱而安得不戚戚一夫使其果由是而欣欣也而戚戚也
繳入而覺之意
則吾又不怪夫世主之所以卑士實甚而轉怪夫士之所以自卑者
折入知不知
先甚也惜也其徒存一知不知之見于胸中而未能盡釋也而不見
夫簞瓢陋巷之賢何嘗屑屑爲貽當途之物色乎即使弓旌下逮以
一言成莫逆之投而本無所少損于中亦復何所可加於外其於人
知之何如也而不見夫耕莘版築之英何嘗耿耿爲悵風塵之莫賞
乎即使丘園屏處終其身鮮特達之遭而實無所求加于外亦復何
所少損於中其于人不知又何如也是非謂視人知猶不知也名也

之業固可欣而本原之地之具足者正不隨是為顯晦故樂亦可行（說得本領出其于下文有函蓋乾坤氣象）憂亦可遣而浩氣所流自不屑與縱橫捭闔之徒同其欣戚亦非謂（二字本題各字音攏合）視不知猶人知也先覺之任未可輕而性分之內之素定者決不隨是為去來故天固可憂人固可憫而寤歌所矢自覺于天地民物之外別有襟期則有所謂人知之亦囂囂人不知亦囂囂者然蓋是囂囂者本無所與于人故在廊廟不殊衡泌而視家食亦不啻大烹抑是囂囂者亦非可強致於己故矯飾者不可以一時而贋遘者亦不（只名是聖賢襟抱）可以千古何世之好遊者猶介介然日存一知不知之見于胸中而不能盡釋也

名貴卓犖愈進愈深大賢命世氣象千古如見 曹諤廷

自得氣象大異縱人橫人全在無欲上看出精醇冲渾標望絶人

李森階

只說外貌而本領學問自見泰山巖巖正覺聲音笑貌俱有才情

揮霍追風逐電然有王良造父御之仍自安和終無泛駕 李惠時

人知之亦　三節　　伍斯瓊

囂囂有常情窮達有常守矣蓋惟尊德樂義故常泰然於知不知之間也不然窮失義而達離道烏可以囂囂哉今夫士之自守乃能自得然而難言也苟其修於己者不能以自重持於身者不能以自安則在人者皆足以危之何由以自得也在世者皆足以奪之亦何與以自守也今之遊者何知哉囂囂於困窮之途惟以爵祿勞其心思何知義命之亦在沾沾於利達之境惟以勢位富貴紊其寤寐何知道誼之大防此固以人之知為忻人不知為戚者也惟無得于囂囂故致此夫人之知人之明之於我何加人

暗從尊樂說入

囂囂小揣不能守其在地道義

一字一怨一跌

不知人之昏也於我何損是惟以爵〻者貌之人貴深可尊不以尊焉易吾素是惟以爵〻者淡之世味雖可樂不以樂焉越吾閑況乎人貴可尊終不敵乎天爵之尊我固有至尊而無上者也世味可樂終不渝乎天真之樂我固有至樂而無窮者也何也士蓋有德可尊有義可樂也德為所性之固有吾尊之則我大而物自小我重而物自輕而爵〻之太躍隨在逢見其克周義為律身之雖窮吾樂之則我堅而物不能磨我白而物不能涅而囂〻之大用隨在適形其洋溢此亦何往不囂〻哉窮焉達焉士誠無往而不可矣夫時而窮遇之屈也而所尊者不可屈所樂者不可屈藐

就焉奉義以周旋貧賤必有所不移時而達遇之顯也而所尊者益以顯所樂者益以顯凜凜焉本道以措置富貴必有所不遥此猶有失義猶有離道者乎蓋尊德樂義士固不以知不知之無常（收束圓明）或易其囂囂之趣故或窮或達亦不以知不知之殊遇少變其道義之關斯誠可以囂囂者乎句踐何足以語此

伏下不露鋒影撫上不見形迹中間貫串聯落尤為脩極自然

陶馴雲

尊從樂義可以控制前後從此拖入逐步游衍清和圓犀無一雜語泛句摻雜其間　魏星渠

人知之亦　三節　其二　伍斯瓚

士有得於囂囂者遇可貞矣夫知不知而皆可以囂囂者尊德樂義故也則窮焉達焉又何失義離道之患哉今夫斯世之知遇甚無常也吾人之性情原有定也惟以（貼中間）有定者操其在我而以無常者聽其在人則知遇之無常終（貼不失不離）不能易吾性情之有定然而今之遊者不足語此也繫情人（反挈尊樂）爵之尊遑問不義之富貴營心世味之樂何知非道之貽鑊忻忻于利祿而戚戚于困窮惟以人之知不知為榮辱也何在可以囂囂哉不可以囂囂則人而知之必有俯仰從人之意而士氣已衰人而不知又有抑鬱無聊之思而士品

千葉堂制義　非

以壞岺固徒知尊人也焉知自尊徒知有憂也焉知有樂誠何如
可以窮乎豈獨不曰士固有德可尊乎修在我之良貴而皇降無
爵故其嚴氣正性也不傾千駟而非迂薄視三公而非傲獨不曰
士固有義可樂乎秉至正之大閑而持守不易故其曠懷高寄也
宇宙皆其所笑歟險夷皆其所坦運由是出其所尊行樂者與氣
運相推來則在淵可潛也在田可見也人世之境遇可以無拘無與
聖賢相對則泌水可歌也喜起可奏也一身之出處亦以咸宜
故其窮也守德義於一己義以窮而固未嘗隕獲於不足其達也
推德義於斯人道以達而顯未嘗克詘於有餘是士之窮不失義

也尊德樂義故也達不離道也尊德樂義故也所以人知之亦囂（題義提）

（從此生至末一一点高甚）

了人不知亦囂〻也不然德義罔修窮達失守雖欲囂〻豈可得

哉

步伍整肅要言不煩 陶嵒侯先生

多用反法逆法捴法是以結搆較緊神致更峭擬之萬曆巳丑

前作以董思翁此作近陶石簣魏星渠

人知之亦　離道　　八名江皋

無入而不自得者惟其窮達皆有主也蓋知不知在人而所尊所樂則在我觀于窮達之有主又焉往而不囂囂哉且夫人觀其氣量可以知其性情觀其性情可以知其學術而人世之知遇舉不足動其中矣知孟子語句幾以遊遊果何道哉夫世之所謂遊以人為政而君子之所謂遊以我為政顯晦合隨其時而得弗喜而失弗驚惟存此淡泊寧靜之意進退各安其素而樂則行而憂則違祇如其知命達化之天是故其于人之知不知也冲然者無欲之衷而無欲則氣靜氣靜則神安人之所不能動也油然者自得

（得要領）

（外偽不紛）

心志常定焉貴之意足

之致而自得則天全天全則志定人之所不能移也但見其囂囂

而已矣且夫今之遊士所以未能囂囂者惟其本無可尊而人得

反勢振起

以權相制也惟其本無可樂而人得以勢相傾也將由是而知焉

四○勢

而吾見其欣欣矣由是而不知焉而吾見其戚戚矣若是者彼固

可以二字醒

無可以囂囂者也若乃所尊者德而天爵既崇自覺內重而外已

開合反正一氣旭

輕所樂者義而性分可慕更覺得深而誘自小其囂囂也又安往

旋　落下得神

而不可哉則惟如是而乃可以處窮惟如是而乃可以處達其窮

首了渠在平月窮達之不失不離乃其大　可見者且

也舉心之所樂者至此則義貞于守而不失焉樂潤之痼瘕一囂

急哉

囂之度也而何計乎人不知其達也以向之所尊者至此則德著

為道而不離焉廟堂之喜起一篇之風也而何計乎人知之士

養氣分定五藝孟夫子平生所學寫出此

之為士如此乃知有養氣之學則道義之所配自當如其至大至

題大亦浩然沛然

剛之體而浩然長伸者塞乎天地而有餘不分定之心則窮達之所遭總無改于不加不損之數而充然常滿者取之性量而自足然則何如而可以囂囂乎則惟斯可以囂囂矣此孟子所以因句踐之問而備述大概也

隨題之曲折而以開合反正騰那其間精理滙注無一危辭剩語讀之但覺精光流露而于題之尺寸未嘗少溢此憑具區之所謂鎔王練山之所謂緊揣摩此種者必速售　王學舒

庚子科鄉墨選　孟子　人知之　江皋　江西

庚子科鄉墨選　孟子　人知之　汪　隼　江西

人知之亦　二句

山東任宗師科試　鄆城一名　李在子

隨所遇而皆自得焉、遊斯善矣、夫[illegible]豈為遊而然乎、乃以之為遊而知與不知皆將置之勿計也非然其何以遊哉意謂吾人以身入世亦願其自行何如耳使聽輕重于天下而係心得失感慨遭逢將遊在皆累心之境而終身無坦適之候也烏覩其為[illegible]者乎吾試語子以遊一一有不可必者有可必者不可必者在人或雖負博辨之才而言聽計從豈能預期於君相可必者在我世雖多轉移之術而內重外輕又安問境遇之順逆哉夫知之而亦或不知也此權之操於人者也而其無待而不囂囂也此權之操于苟非禁已身歷侯王之廷則一言偶合亦足展懷抱之萬幟然以喜周人情乎然反諸吾懷之落落者雖勳孟天壤功垂奕禩尚不足爲淡定之表而僅以偶爾投契致欣羨之難忘識者議其器量之淺矣故縱不必卽知以爲高而亦何至借知以爲榮惟以聽其適然者常守吾淡定之天而已矣既以躬係天下之望則所如不偶亦足徵吾道之窮然以悲又人情乎然質諸性分之坦坦者雖畢生不遇舉世莫宗尚不足移愉快之志而顧以片語莫售致悲憫之難釋君子謂其涵養之疎矣故雖以不必知爲貴而而亦何至以不知索情惟以順其固然者不失吾常靜之素而已

夫孟不得所為囂囂者則過知而氣盈過不知而氣歉易衍于主
勞必自安其執持之素得其所為囂囂者則知之而志恬即不知
而志亦達寵辱不驚乃可進說于人主之前然貴於知不知後始
求囂囂哉我先有其囂囂者而知亦如是不知亦如是焉耳子好
從乎盡持此以往

理境澄徹舉止安詳氣度從容語氣光潤非十分養到者不能
臻此　李友望

明透精鍊舉業當行

人知之　李

人知之亦囂囂　四節　甲子　李章堉

囂囂者不係乎人尊樂真而窮達胥得也蓋知不知在人而囂囂在己以德義之尊樂有真也合窮達而至得已不失望囂囂之實有如此且藐躬具至足之分而聽於人以為憂喜必且從乎世以一○口○吸○盡○西○江○水○為通塞而已不能握其有得無失之權挪知性分我所固有無難泯忻戚而忘醇修已所獨操道在通身世而協已身為貴美所獨鍾斯出處之間不至於進退無所據孟子語句踐以遊夫遊非挾和○長○明○大○而○妙○策干時之謂其謂足乎已無待於外在已者無所失而可以獨得○足○[illegible]○分○題○在人者不求得而自無或失得與失總以已為衡而人不與焉故

囂囂　易三房勳七號薦卷　[illegible]堂

遊足貴也蓋人知之亦囂囂入不知亦囂囂也浩落是其天性而（名言不刊）變歷龍見挾諸方寸而胥融故一日之賞音何如千載而窮年之落寞儘可終身恬淡固其本懷而暮楚朝秦衡諸懿孅而自絀故庸耳俗目不入素位之胸而潛德幽光彌覺知希之貴夫果何如（徹闡二章即就起全勢）而若是其囂囂哉吾見世之為士者矣闔世重則待己必卑慕勢恬則頹已必淡以為能結一二人之耳目即可以服千百衆之心（是何等精細）愚故人知之未必皆達而達與知為緣人不知非即為窮而窮與不知相集于是達則欣欣窮則戚戚天爵不崇於人爵道心不艷（反教得勢卷舒自如）於人心乎居修談抱負方部斯人不出如蒼生何及當局依違而

蔡

尤顯可尊可樂之端茫無足據安從而可以囂囂也微特淺聞吾知孟子亦必以尊德樂義者當之一穹蒼錫予之隆不關予奪已自（盡〇〇〇就〇定〇入〇字）有其奉而持者而積小高大不與在人之軒輊判崇卑一瞬息修能之力豈別享屯已自有其多爲偏者而伴奐爾游不與在人之取舍分欣慼一夫尊樂非他得於己之謂德行而宜之之謂義由是而（款〇洽〇是〇分〇明）之焉之謂道義即德之所經而緯也道又義之所放而準也此其（累〇叔〇貫〇珠）故可實按之此其故可遞推之夫士也何以不隕穫而不充詘哉（一〇線〇穿〇成）樂行憂違人不得而主之而憑依乃其所自爲德與義爲融義復緣道爲麗則惟尊德樂義故一夫士也又何以比之自內而不自失

藜照堂

哉素履獨行人不得而奪之而窮寒之永矢勿諼德以義為守義

惟懋已為貞則唯窮不失義故一夫士也又何以出乎其身而加乎

三○故○字○是○分　三小比局度運醇

民哉觀聽望深人不得而埋之而處士之虛聲可璽義以道而彰

道即同民而溥則唯達不離道故一士得已民不失望如此此唯有

可尊可樂之原斯有可窮可達之具有可窮可達之實斯有可知

可不知之懷名高何榮遯世何悶抱膝何損引領何加德義足于

精

家○國○結○

中而窮達無異量也囂囂者其古之人乎

大力彌滿仍復運以精心三藝至此餘勇可賈　浦二田先生

人知之

人知之　四節　　車　碩

囂囂足以盡士之量而已與民胥安于德義矣夫一言囂囂而士之德義乃不以窮達異矣得已而民不失望孰非囂囂之所自致歟且君子將有造于斯民而或以知遇之說動于中此挾持者之無具而已與民將兩失也夫君子無求于人之意而有自足于已之真自足于已而攸往咸宜即不言遊可也而亦正可以遊矣彼宋句踐者果能出其已以副斯民之望乎若猶未也知其必屑屑于知不知也且夫士所以貴于世者徒以有已耳已寔有其可尊而凡尊之在人者不見其尊且尊其所尊而不得屈我之尊已寔

韓子詩云張籍學古淡

卿然乘風即此見王夫裴許

扼要

有其可樂而凡樂之在人者不見其可樂且樂其所樂而不得傲（披折令盡）我之樂以若所尊求若所樂則人知之可也人不知亦可也夫安往而不囂囂乎哉獨是大受而不驚吾儒之所難也遯世而無悶（恰于句睦一疑隨勢翻進栽者如仙御者如憂湯張諸先輩更作不敢復為役擔矣）聖賢之所貴也今任夫知不知之紛紜而第曰囂囂而已將君子（入二三四節）之安遇不且與畸士之寘情同類而共笑之乎且不揭其囂囂之寘而持于暫不然持于久飾于常不能飾于猝烏知其不以窮達異也亦安見其囂囂也乎微勾蹤問吾固知其本原之在德與義矣（詮来冷水沃面之醒爽）且夫德者天爵之淳而人爵不與焉義者至樂所存而大利不與焉今以舉世涸濁或奔走侯王之門或馳逐功利之場見人之

尊而自失其尊見人之樂而自失其樂知不知之間德與義兩無可據也而君子獨翹然遠淡然忘倜儻乎前古後今之際是寧不可以囂囂乎頤或縱觀而疑焉（再翻再轉）謂夫窮達有不齊之遇物我無兩忘之機安見其無入不得者然而士不失義矣不失乎義即不失乎德而由窮而達以安士之數為素位之行其不離道也亦不離乎可尊可樂者而已矣（收拾全盡）然而士得已矣得乎已寔得乎德義而由已以及民以內含之美為外觀之耀其不失望也亦望其可尊可樂者而已矣斯為能出已而副民望者乎而又何必屑屑于知不知哉要之士無無本之學德義修于當躬而內重者外輕不聽轉

穆于斯世一士有運世之能尊樂全其在我而注茲者挹彼自見普洽于輿情蓋靜觀千古而益知囂〻之良有以也

以我默題尚見隆萬機法　副主司原批

真隆萬人遺軌在此日尤不得不嘆為今亡矣夫鹿車方輪計無復之此屬吾鄉近時之痼疾也唯南閩猶有其人抑戴何挽回之功餘烈爾　范厚田

誰是今日講隆萬機法獨能起〻拔俗猶見先正宗風未墜六　張位

人知之　車

人知之亦　四句
吳曻

形自得之況、知不知皆無足論也。蓋囂囂者在乎我、不在乎人、知可
也、不知亦可也、孰行而易諸、且人果有志自命、雖内之所蘊不易窺
而與世周旋、無失乎我者、固亦可望而知也。蓋孫遨之操有以[illegible]足
而遇合之不齊、無足以入其中而奪所守、則從而觀諸氣象之間、而
（界限分明）
較然異矣。以吾觀今之遊者、抵掌王公之前、縱言王伯之畧、其才非
無可觀也、而俯仰之閒、中多不遂焉、如所爲落落者乎、立談卿相而
不就、歷聘諸侯而不懈、其氣非不甚豪也、而委曲之致、無以自寬焉
觀所爲坦坦者乎、若此者設有人知之、而吾知其無以自處也、一日

之氣而世之納之則身榮而意遂矣大快恩怨之私少乎豢而之奉
方外以得意之情震震焉自鳴於天下而求所爲竊幸不驚者無有
也設有人不知而吾益知其無以自處也一日之說而世主部之則
機失而謀乘矣恨人情之易棄悔已術之未工方將以失志之餘波
汲焉再試於天下而求所爲處困而亨者無有也若吾之所謂遊者
則不然浩乎其無不色也泊乎其無不淡也淵以移者可望而不可
（原評賞字分明繪出）
測也廣以大者可忘而亦可豢也給求求爭方其利見有期則人知
（精致）
之矣夫其知之也人則當然而織緩何與不至知換業之倖獲也惟
小藝者斯脊淵之矜而我亦與之淵淵則人之知我其淵也蓋適

人知之亦　四句（下孟）　吳　[illegible]

如其恢弘之度已矣方其所如不偶則人不知矣夫其不知也人則漸矣而我又何與不至如歷說之擯棄也惟無能者斯有戚戚之窮而我亦與之戚戚則人之不知我其宜也蓋不改其從容之素已矣是故囂囂有不因人而存者浩蕩之真自其凡絕物以為高軼於而肆志無所絡於寧淡之襟期有因人而益見者順逆之遇不齊凡富貴而克誅貧賤而隕獲愈足形其坦蕩之情性乎試思其故可乎韓子所云與斗筲者決得失於一夫之目而為之憂樂者今文人才士亦斷不屑甘此況尊德樂義分上事乎胸次既高吐語自饒出拔之韵

己未小題　下孟

癸未小題

下孟

人知之

吾

人知之亦　離道　　二十三名　林兆熙

士有囂囂之實可窮即可達也夫囂囂者以尊德樂義故耳窮達一也而又何有欣戚于人哉今夫人之泰然于外也必其足于中（超○警○快○筆○）人之快然于中也必其忘于境是故可以用可以舍可以處可以出而無不可以遊士之遊也久矣豈其生平無所扶持而沾沾于境遇之窮達以自累其天懷哉非然也千秋而得知遇寧士君子之所無而諫行而蒙相悅之雅言聽而獲知己之投良有之矣然而知者自知而其情淡也曠世以覓同心亦士君子所不願而覯面而用以懷疑援縢而不必相知亦有之矣然而不知者自不知

而其意適也無非驕之也是可矯情以鳴高誕矯情焉不可也特于我也重斯其視于物也輕是可飾貌以邀名哉飾貌焉不可也全于天者有餘斯其視于人者不足蓋有其尊焉者而德也天爵之榮不啟褻良貴之美不敢褻則俯仰無慚而膏梁文繡不得進而篤乎其上有其樂焉者也義也大道之行所必悅正路之由所（窮達是大節）必安則翔步周行而小喜近功不得進而誘于其中而于何見之（可見務不可家混莽知不知上此佳清出）哉于其窮見之蓋時有貧賤而德義無貧賤也窮亦尊也窮亦樂也而樂天知命之懷不因是而有損于其達見之蓋時有富貴而德義無富貴也達亦尊也達亦樂也而蓋世非常之業亦不因是

而有加不失義則不離道以其窮之所守謂之義以其達之所行謂之道此尊德樂義之實而囂囂之所自來者也句踐知此庶乎可以出而遊矣

斡旋得清

題苦縈重化題之町畦入吾鑪錘則斲制有法文患寬衍去文之漫漶出以筋節則局段便緊此文得之　王學舒

孟子　人知　林兆熙

人知之　四節　　周升

自得者非關外飾也驗之守己乎民而學有原矣夫知不知在人而德義在我所以窮達咸宜而無失已罔怫衆也嚣嚣豈易言歟且人亦貴自樹立耳外至之遭逢何關學問哉然使學有本原則神明定而動罔不慊出處皆可以自驗（六一咏歎之致）所患平居不安家食每屈已以邀當世之知一旦躬居民上而觀聽望深之下又無辭于施盗虛聲則吾黨之羞也宋句踐（摘〻襟）遊士也孟子因其好遊而語以遊夫句踐之皇皇四國也吾不知其處已何如其繫乎衆望又何如揆厥用心大都汲汲于人之知而唯恐人之不知耳嚣嚣之說孟

子所為統知不知而示以無二道也然而囂囂之未易言也放言
高論之輩每混跡于劍佩琴書之側而貧賤相驕明知已之無可（汙瀆之中是也）（莊周之游哉）
恃而民之不與偕也則但騁夫詭異以欺人聊自飾為落落不偶
縱橫捭闔之儔時艷心于金玉錦繡之榮而進退維谷明知已之（觸手之得賓主之礼是也）
無足多而民之不相屬也則且任其奔馳以求合曾何當于嶽嶽
懷方甚哉囂囂之未易言也微勾踐問孟子固將以尊德樂義進
一箴矣德具于秉懿已與民有同好焉士以尚志者尊之而萬善（端注終本）
斯為有統人知之不加豈人不知不加約聚而上焉積厚之所以
流光也義彰于日用已與民胥受裁焉士以綱淮者樂之而萬事

乃得其宜人知之何所欣人不知何所戚習而安焉在內之所以

叟領歎諳勒帛横丁

方外也士也如此可以生蓬華之耀可以壯旌旄之色可以儲霖

雨于空山而不愧可以肅冠裳于冊陛而無慚如是而後器之也

晉醴會

尚何知不知之與有且夫士之所以葆此德義也惟窮與達盡之

而士之所以處此窮達也即已與民徵之抱膝長吟節所由見則

德義道並窮達俯槐挪

偶然居士要樂

貫德于義而名之曰義；期于不失凡以養斯人之廉恥而爲之

學士格道與術貧賤相觸進退惟谷先後稱進

峻其防也風濤雨晦之中士之自待良不薄也而遑問乎人也一登

朝拜命治所由成則渾德與義而名之曰道；伸于不離凡以顧

下上之觀瞻而因以酬其願也目營手盡之際士之與民遍不疎

也而何畏乎人也窮則得已達則民不失望人知之可也人不知亦可也德義在我夫安往而不囂囂也哉自非然者尊人之尊而已無可尊樂人之樂而已無可樂在窮忘窮未達思達儼然士也品日益卑徒望人知而知者卒鮮蚩蚩之詆且鄙而棄之矣又何堪追步古人耶

秦大劍泉評曰細意熨貼大筆擲搖行遠集謂三婢先生之風流寔出玉茗之門如作者亦真屬江南老教書耳　沈厚田

雙環蟠龍雀兩劍截蛟犀是漫溜左國而得其腴者　王璧蒼

人知之　周

人知之亦　離道　一名　晏斯盛

語遊士以囂囂得其實而窮達皆當矣蓋人惟不能囂囂則知不知皆無當也尊德樂義士豈以窮達易哉且士之不係情于去留者必能貞所守于顯晦蓋其心之淡定也在爵祿功名之外而其學之堅貞也在朝野出處之間良以得之天者全而人之嘗我者無與耳世之好遊者率以士稱然經斯饑也不念素餐歎退食也不聞清節進退無似俯仰隨時悖義傷道無所底止窺其心惟有一人之見存于中而知不知之感眩于外已耳誰則無欲自得而以囂囂聞者夫知不知之數存乎人我惟聽諸適然耳而初于我

何閔可知不可知之具存乎我〻自得其曠然耳而又于我何慣繞以囂〻而士之遊不亦大哉然而囂〻亦難矣心無真得其自視也常卑自視卑則所尊在人而我已不尊矣胸無真嘗其自處也恒勞自處勞則所樂在人而我已不樂矣然則何如斯可以囂囂也哉微句踐問孟子固必有以告之也蓋囂〻者人皆卑而已獨尊人皆勞而已獨樂心天君也性天命也降衷以来原有不爵而崇者德也吾尊之而不棄不棄則人爵已失其尊矣車服之錫莫與之京夫何不可以囂〻一心有宰也物有則也性情之內原有不貴而顯者義也吾樂之而斯泳斯陶則人〻貴非其所樂矣祿秩

之榮莫之能易夫何不可以囂囂蓋心之所得為德即之所宜為
義而由是而之焉之謂道守之者在生平而驗之者在行事故士
不必窮也而有時而窮則窮于遇而不窮于義猶是尊而千駟可
却猶是樂而萬鐘可辭豈以當世之我違而頓改化裁推行之素
士不必達也而有時而達則達于身而困達于道尊德也綱之紀
之而皆其固有樂義也數之布之而出以本然豈以一時之利見
而還變廣居正路之操義不失道不離士之囂囂職此故耳是惟
入懷之浩蕩故視人世之知遇若浮雲亦惟性地之安貞故守
本平之素履堅如金石無知無不知何窮又何達挾此以遊斯之

窮達雖似與知不知相照。其實知不知只就遊上說。其事小。窮達則士子一生大節所關。不可說人不知而窮。人知而達。緣尊德樂義。是以囂囂。此不是囂囂後纔能處窮達。處窮達是尊德樂義後驗之于行實者。囂囂宜補在後。不可用作頂落。長題貴有節制。此題重在中節。然全題每股不可忽略。即問答亦不可不清出。特輕重詳畧。裁制由人耳。而兩節界限尤是筋節所在。必宜歷歷分明。選此題墨。以此為準。元作處處合法。而堅光厚響。逸韻幽姿。不同凡作。十年讀書。十年因盛世名元也。養氣纔能至此。王學舒

○○○人知之　四節　夏益萬

趣乎知不知之遇、而窮達皆有以自見矣、夫士之不能囂囂者、惟其不尊德樂義也、窮達自如、而已與民胥無失焉、又何知不知之動念乎、今世之挾策以干時者、每希一日之遇、輒恐物色之遺、究其所挾持者何有哉、浮沉于排闥抵掌之間、而畢露其隕穫充絀之態、內而覌我何以無慚、外而覌民何以無負、而勤思遇主、役志乘時、亦祇見其惑矣、孟子語句踐以遊、殆將進句踐以士也、夫遊非士所禁也、士而遊、恐其有意于達、而未安乎窮也、空谷而動翹車之慕、人爵之可榮、何如天爵之可貴、為念畢生蘊蓄、物我胥歸

染翰若飛

振中節周呵敏妙

墨卷擷華錄　江南

（艷上）

在宥而豈嘗役志于葬華淵阿而切招弓之想風塵之賞識何如夙夜之淡恬為念畢世懷來人物胥宏在抱而豈得僅縈情于遭際其幸而達斯人知之會也鹿鳴苹野鳳翽高岡士固生于知己（之）（寫囂囂如二十年后見偶筆之所到風雲與氣俱）耳展一生之經濟素心不當如是乎其偶而窮斯人不知之秋也蠖也何屈龍也何潛士更不妨莫知耳即匡坐而鼓歌溫飽何嘗（神行）計及乎天亦安往而不得其囂囂者顧知不知之故在人遇雖預必而囂囂之具在己理尚自重微幻踐問固知必有實見其可者在也益窮達雖有兩途而德義初無異守心德之良持之則貴本富有為日新崇高之勢已成孰有加于此者何尊如之萬物之準

履之而安体和順為從容鼓舞之致恒親孰有切于此者何樂如
之天惟為尊為樂內重而外自輕斯則可達可窮緣感而心不擾
研勘入細二股為前後文鎖子骨
非必曰知希為貴窮乃足以見士也隱居伏處名山而蘊經綸之
本恒卷而懷公輔之資所尊所樂自如也貧賤不移一于義而德
乃彌光非必曰知遇可懷達乃可以顯士也遇主逢時詩書皆經
世之猷禮樂展昌時之具所尊所樂如故也富貴不淫彰為道而
德義皆實天行不加窮居不損窮與達可偶然以相當尊與樂恒
貞一而不改隱居求志行義達道窮與達或反覆以相伺德與義
歷展轉而不變蓋士亦惟重此已耳已自有可尊已自有可樂窮

墨卷擷華錄　人知之　夏　江南

亦澶漕其會豈以失義而致失巳也風雨蕭然名世之襟期自遠
無入不得職是故耳士之重有巳者亦謂巳為民之望焉耳民亦
尊我德民亦樂我義達固偉值其隆豈以離道而致失望也胞與
殷然天民之抱負彌宏物望攸歸職是故哉是則真尊德者也樂
義者也可以囂囂者也何有于窮何有于達又何有于知不知也
哉彼勾踐者或猶有見于德義之可貴者乎慎斯術也以往好遊
中乃彌形士品哉

如組織之品朱紫晝繢之著玄黃雖新有質雖樸有儀　姚按丹

人知之亦囂囂

丁丑　曹鑾

不為知動，所以自待者不在知也。夫君子之自待，誠自有在，故囂囂之度，雖人知之而亦然矣，何足以動其心哉。孟子語句踐曰：當今之世，有所挾而營營，即因所得而欣欣者，豈少哉。而高世之君子，無所慕于前，無所倖于後，其胸臆之洒然，有不待仲于知己，而自可對知己而不愧者。今夫人之視知固甚，況垂耳以伏軾結詞之身，一旦而居相為之側席，既懸小器之易盈，以簡賢棄士之日，一旦而朝野慕其聲光，又恐虛名之莫副，以斂囂囂之度，時或有之，而特不能為人知之時，信為囂囂甚矣。人之視之，固甚重之，而

新穗小題清錦　孟子

以吾論之則亦有不足動其心者一方以知我爲樂了精神氣即

（至善大有等力）

有不自持焉而覺了者固無待于持而心目之間早不存一人知之見毋亦所奉以爲禁者不係乎是而處之自坦然也一方以知我爲念而動靜語默皆有所必檢焉而覺了者固無待于檢而寤寐之中絕不作一見知之想毋亦所念兹在兹者不係乎是而處之

（周密）

自悠然也是故人知之而名成也存我離群以驗相遊之不虛而其寔耳目何所營心思何所奠爽不迫之逍遙欲以揚吾優游自適之致矣得焉人知之而實兼也在人間得此以奉相須之孔亟而其寔何加于分內何戀于局中聚非常之遇合欲以蕩吾哉

漠無求之素矣得焉蓋無欲而靜處雖得諸人已相忘之日而奉
之裕者有雅量而無矜情強制為高或頓喪于身名俱泰之餘而
息之深者以虛懷而無大度則甚矣人之視知倒甚重也而尤亟
囂囂若此與若世之攘攘沓沓傾倒於人知之是奈哉

細意熨貼潔靜精微　張今洛

照下而不侵下風骨清潤然如雨洗秋山　張鳳[illegible]

人知之　曹

人知之亦　離道

二十九名　曹繩柱

不易其囂囂者有德義而見于行寔也夫人之知不知非有與于吾之囂囂也尊德樂義而窮達不失不離惟其可以囂囂耳此遊道之極也且吾觀今之遊于世者大抵皆視人為轉移而以窮達為彼致若而人何其不自得也夫我惟無欲也而後可以自得我

如題參詳不支不滯

惟有所挾于中也而後可以無欲自得者隨所遇而皆宜孟子之

龍躍全題渾寫大意

語句踐以遊也蓋嘗見斯世遇合之難想吾人自有之貴推君子貞一之操而知無往而非自得者總不存一人之見于意中知與不知囂囂云爾抵掌侯王之側幸致言聽而計從此人之哲也子

我何有能自振拔者必不以累其心也囂囂亦然立談卿相之前
即使覷昧而陰棄此人之愚也于我何與起然物外者必不以攖
其慮也囂囂亦然而難矣人苟中無真得則境遇稍遷已不勝
其張轉且人中無寔學即矯語矜持愈不勝其緣飾其不能囂囂
也無可以囂囂者也微匄幾問孟子固嘗告以何如矣夫恃其游
分而予奪唯命者人也究其性分而寵辱不驚者士也以俗皆俗
之理則有德尊之至也人莫不自據其尊而至尊者勢不容以並
衡吾自有之理即自重之真尊也何弗囂囂也一以行天下之道則
有義樂之至也人莫不自圖所樂而至樂者情不能以少移吾自

守之正即自安之地樂也何弗囂囂也蓋至是而愈有以知士矣夫人平居坐論以為吾不屈于貧賤不移于富貴迨夫身歷其境

（必有所驗而後知是故字下撗脉人都忽略此獨清出）

卒不得一可以囂囂者以其所尊所樂猶未嘗見諸行究也乃士而窮也則不失義矣自尊樂以來既為吾所奉持今雖窮而抱此

（是生平所守）

不失者則窮有與俱窮也而何慼乎人不知也士而達也則不離

（辭旋得巧）（只作銷帶）

道矣與德義俱畀以為吾所依歸今既達而抱此不離者則達有

（更進一層）

與俱達也而何計乎人之知也夫天德之在人非第以資吾之遊說而自處戚安則順逆兩忘當不若斯世縱橫之習然偶爾之遭逢俱可以驗吾之學術而自命既高則豐約一致更不類一時豪

佚之風焉賤而滑是道以遊也又安往而不可以囂囂也

文無真氣雖加意渲染其中寔枵然耳名手作文看徹題意細

針密縷層層布置如琴師彈漢宮秋經攏慢撚不用急管繁絃

而于半甲半肉間措調清越絕無遺漏此在明窗淨几息心靜

氣猶難得之不意場屋有此　王學舒

人知之　四節　　許養器

士之囂囂者有自其蘊負于人已者可推也夫士之為士德義而已知不知曷殊焉觀之得已不失望所以尊樂者自若所以囂囂者不亦自若也哉甞謂士苟以無具之身出與人家國事則進退派也豈特一時顛晦之遇哉惟持天下所同得則不言自芳率人世所共由則可珍以守業在名山名在天壤觀之屈伸人已閒所（先生非是愛吟詩）以圭璧褆躬而浮雲富貴者無不曠然而大齊然後知士之挾持（提盡）有素而談人世之遇者匪虚也今夫士之所不忍忘者民而其所先自愛者已天之所以試上者惟窮惟達而士之所持與天下相

際者惟道與義蓋學問遂寂之地何嘗不自視歠然使含垢包羞不得自全于屋漏垂名竹帛而不掩腥聞即終老窮廬而彌增穢

提后更用提尊而不攝于頭重者以中后边幅悠長也

德士所以惕乎深懼不敢自懈以冰兢若外來得失之遭久不復為所動念使含章內美曷嘗一毀我嘯歌景仰姓氏益我者安在

草華

即沉埋名氏損我者何如士所以浩氣孤行而獨自有其天地而又何論于知不知之殊哉且夫知不知者人也任人之知不知者

中還幹直舉自立

已也中不忘乎人之見無以處窮亦無以處達中能忘乎人之見可以治已即可以慰民然則士之所以囂囂者可識矣草野非藏拙之區廟廊亦見性之地上下求索曷可容吾倦肆也故得心口

德奉之若肆盜正路曰義耽之若服食生平惟此兩大事而造次遺○勢○
不離斯須不去士之能免乎充詘隕穫者固以其内念常伸而非
傲然于流俗見聞之外塊然之官骸非小紛然之責備誰歸俯仰
并○貫○四○節○合○言○知○所○繪○
質對孰能盜以虛聲也故德為人所同得仁心始獲仁開路為人
酹○手○
所同趨義正乃昭義問出處亦惟此兩大端而暗室雖寬大庭不
貧士之能無慚于守貴行利者亦秪此恒操不易而非彌縫于人
已酬酢之間一蓋德義者囂囂之本也由是而窮達由是而得已不
失望皆于是乎在知不知寧有異哉是知得喪殊途願之惟一彼
棧○路○千○里○皆○達○
蓋以全心與天下遇矣不必謂市井之場無知心亦不究謂詩書

之中有好德第人分明脉已無重輕君子抱一世之由敖以兩涉乎斯世而生平之高情逸韻可對峯而得其大全而德義之關所（頗是外潛史公以孟軻）爭甚嚴彼蓋以定力為一已防矣不必謂侯門盡曳裾之人亦不（英義回挽士同傳正得此深意）必謂烟霞盡沉痼之士第境有榮枯理無鉅細君子持必嚴之大統以自見其丰裁而一心之不磷不淄又可屢舉而知其梗概士之為士如此以此知吾德可樂毋作詐謀吾義可從毋貪功利彼世之朝秦暮楚與一知以為光寵者彼其人皆不善處窮者也豈知一朝敗名萬事瓦裂金玉錦繡所得幾何國史野評其望何觴君子謂其人無可為今人知且不堪令古人見也

踏實發揮　旁評

人知之亦　離道

一十名　湯其任

無入而不自得者不必問其窮達矣盖士亦患無囂囂之實耳果其尊德樂義雖窮達何論哉且夫人既卓然自命曰士則名山之內有事功焉大廷之上有學問焉凡以自盡其性量而均之無慕（二語倒注發題）乎人也然而知此意者或鮮矣昔孟子之在戰國不朝不野而慨然於當世之好遊者或無以爲窮達之本也（略點見地止）語之曰人知之亦囂囂人不知亦囂囂斯言也可以嘯歌可以匡濟可以抵掌於侯王之前而不見其傲可以優游于林籔之間而不病其迂其幸而人知之也則鹽梅用以和鼎舟楫用以濟川我十年潛修夫豈爲好

爵而至其不幸而人不知之也則金玉著為爾音氷淵矢諸幽獨彼交臂若失何損吾自得之真蓋士必如是而後可謂之囂囂也然士果何如而始可以囂囂哉徵句踐言孟氏固頗為之標其蘊也曰而不見夫我大而萬物皆小者則士之所尊非乎其德乎而

只作指點得斯字神理

不見夫我重而萬物皆輕者則士之所樂非乎其義乎惟有以自

則字出

尊則無畔援無歆羨而是非榮辱之介止覺人世之紛紛入其中而自淡惟有以自樂則為囂歌為囂言而居處食息之下紙覺吾

從德義落下合脈

心之浩浩味之久而益甘故士亦惟知有德耳惟知有義耳亦惟

不看作一樣說煞又圓

知由是而之焉之有道耳既不問其知後何問其為窮而苟其窮

也。則義以持之而已。既不問其不知。又何問乎其為達。而當其達
也。則道以行之而已。窮不失義。達不離道。此其所以爲之也。窮達
豈有岐途哉。之以心而自足。德義原非二境。揆之以道而皆安。君
子曰。是可出而遊矣。句戕其亦有憑軾之意乎。

更清晰

爽猶瀟洒頴之俗氣掃除盡矣。爽氣朝來。户牖間無絲毫之翳。
而相其語言字句外。別有一種風神纏綿盤之畫家所謂氣韵
生動。不在筆墨間得之者也。 王學舒

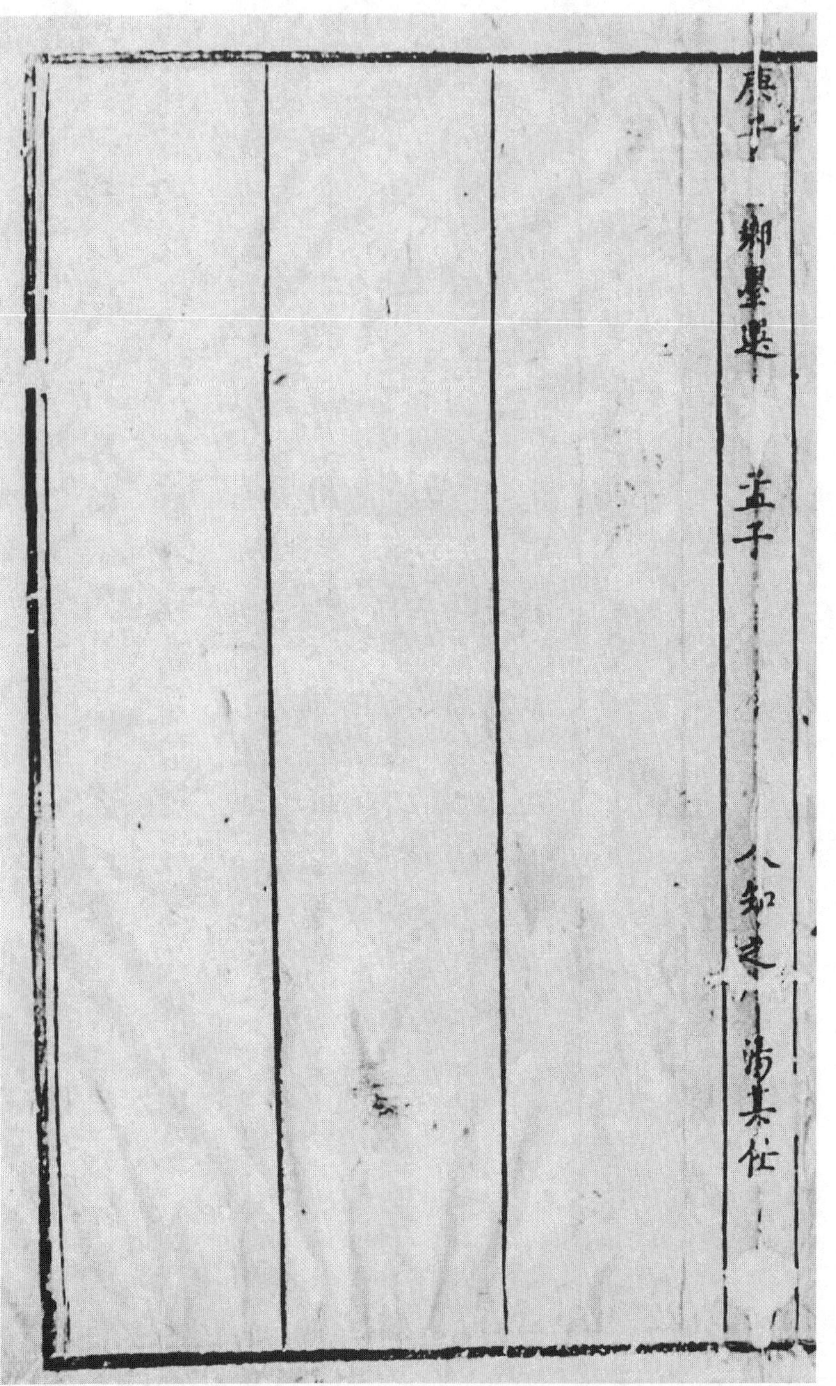
庚午 鄉墨選 孟子 人知之者 滿其位

人知之亦囂囂人不知亦囂囂　一

臬臺會課二名　陳師集　震澤

以囂囂者為遊不存一人之見也夫遊之徒見有人者情縈於知而深懼其不知也進以囂囂亦焉往而不自得哉且吾未見天下事有絕於我無與焉而猶營營於懷不能去者也遭際無常得喪非我惟人所以置之可矣而奈何好無事而自擾也夫亦有以遊（帶不知不知縈）之道告之者乎今夫士之遊者秦關楚壁奔走不遑夫閫重期有（擾於中所以擾惟於人而已不能以自主）知之者也而命與仇謀則往往有不知之慨焉俄而得又俄而失兩事相為乘除而錦綉金玉常覺忍而不舍易以忻卽易以戚一念與為綢繆而揣摩簡練倍覺攖而不寧夫孰是囂囂者乎若此

者以其猶有人之見者存也吾觀其知之也蓋嘗有一不知之人徙來於胸中也夫如天之福舉國以從此固社稷之靈耳於我奚

用○互○法○累○落○能於反而用○互蹈出新○思

涉而遊者曰我之見既於人久矣始者說不得行未知夫天竟何如命竟何如一旦受千金之賜握六國之權此不自意之遭逢也

富貴而不忘雖何與於貧賤終也樂富貴而忽忘雖又何頓異於貧賤時也吾頓去其賜〻之意若出以爲〻吾觀其不知也及嘗有一知之〻人亦縈於寤寐也夫相需甚殷相遇終疏此固蒼生之憂耳於我奚關而遊者曰我之有求於人〻久〻矣苟其時不結縻總自今豈遂殆哉豈遂困哉乃猶書屢上而難通足數及門而見

辭此不自料步過也貧賤而毋隕穫知其倍難處於富貴也然
貧賤而竟隕穫已決其難自全於富貴也吾願去其戚戚之衆而
進囂囂者必備嘗夫順逆之途從後而為之制此亦常不及之勢
矣囂囂者獨恃乎先以待之無欲則虛以我之所不役成物之所
不攖則在淵在田升沉可聽之他年而神明早貞之此日苟紛歷
乎寵辱之遭遂事而為之操此亦常不勝之理矣囂囂者獨恃夫
合以融之無欲則剛以外境之無權斷內心之有主則一行一藏
世縱多岐出以相迎而我自得一端以畢貫是故伸於知己遊者
大喜過望矣而襟懷浩蕩總不改幽居之素其囂囂也亦然屈於

鰲峯書院課藝

不知之一境者顧領失職矣而心情淡定想不徼一時之倖其黨：

也亦然慎斯術也以徃其無所失矣

發揮精妙却留得下文寬面知於此三折肱矣原評

自得於己無欲於人不以人之知不知為重輕也嵌空玲瓏而

按之仍是渾淪譜氣所以為佳

人知之　陳

人知之 四節

張宗伯

惟尊樂者有自得之實、統己與民而兩無負矣、蓋囂囂者德義之容故不以知不知而異也、觀己與民之兩無負不可想自得之眞

魯連先生不可與孟子同日而語為此

哉今夫人內顧此身不問其所挾持者何具所繫屬者何如而徒欲修然以自得恐萬物俱有不相下之勢矣惟抱貞操于夙夜則內重者外自輕而驗出處于寰區則體立者用是裕心無覬晦量

寫騰而

有眞該其自命正非偶也如孟子語句踐以遊固將告以內外民

虛單從雜如逃北塵汙人另一格調

物之所關動靜窮通之所係而第恐其猶有人之見存也則囂囂安可緩矣意氣孤行于天池原有不可一世之規故不以大行而

加不以窮居而損通塞付以無心何在非優遊之胸次品概卓立于人群本常伸乎萬象之表故不以貽々改節不以実々墮行亨屯態之當世安往非浩落之襟期人知之亦囂々人不知亦囂々（十精生勢）是說也誠何修而臻此哉溯彝秉于生初原非總起所能興而元（真心細墨分際相入）善所統斯其量獨隆惟有以尊之將天爵全而人心淡故知之而彝好同歸不知而天良獨得秉一得以為主即以性分代勢分之榮考操修于明旦初非身外所能參而守正不阿斯其防獨嚴惟有以樂之將為念守不外感消所以知之而同由正路之中不知而自凜直方之體秉一義以為安即以守正為守身之準如是則

可以囂囂句踐不幾爽然失乎且夫不羞貧賤足乎已而忘乎人（中小醇意跡淡下截休滌）者高士之為也隱見咸宜不負已而不負人者君子之量也則試（則坐擬之塡爲快）想其尊之樂之之寔而恍然夫士焉或蓬戶蕭然而真操罔懈或廟廊赫奕而風抱猶存蓋德義本不以窮達而或殊故尊樂亦不以窮達而有間也偶失與暫離俱泯而天機洋溢豈馳心于徼騁之書更試即其不失不離之功而曉然于其故焉壯志獨伸依然（此下直神來法就見有墨人手矣）啟後承先之學與情悉協大慰蒼生父老之懷蓋道義原包乎人已之中故人已亦不能出乎道義之外也已志與民望兼全而真（透頂體會）意旁皇隨在可見真儒之概緫而論之氣象之雍容悉本中懷之

流露而寄托有在原不為榮華憔悴始勞轍跡于風塵一身之進退動關海內之瞻依而係屬非輕更不妨以人事天時自問功名于氣數古有人焉盍亦覽其風徽以自悟乎

一幅高士臥雪圖畫。沈厚田

文境如吳興印渚中。非唯使人情開滌。亦覺日月清朗。姚掞丹

人知之 張

人知之亦　一節　　張時霖

遊者自得于中不以人為意也夫與不知此自人事耳而無與于我之囂囂也寧為之少動乎謂句踐曰今世之遊者大抵皆有人之見者也其視人也重一見重焉則躍躍以喜其視人也不輕一見輕焉則戚戚以悲人顧若是其有權乎哉吾以為人即有權亦何足重輕乎我我無所以自得者遂不免以人為重輕耳嗚呼君子之遊也

○一○唱○聲○入○雲○

○齊○獨○立○泰○岱○巔○衆○山○皆○培○塿○

而可少囂囂者乎囂囂者不必遊而始有草茅坐誦之日或睪然高望焉或悠然遠志焉蓋其自得者久矣而何嘗以是為定說之資囂囂者亦即遊而不忘廣厦細旃之間自顧無不足焉於世無所求焉

○寶○主○關○心○絕○無○驟○街○牛○男○之○意○

卷中舉

盖惟坦然以處耳而何必須易生平之度則由是而人知之亦假而曰無庸人知也知希我貴此曲士之所以自文君子未嘗有是學而

下一層翻透

說人知人不知原是操之自我透出覺

後々焉則不必矣且夫人知亦理所固然耳正言讜論必不可鄙吝

叢之故命意高絕

者雖以君驕士賤之世亦足動當宁之信從吾夙夜中自可操券焉而何所用其驚且喜也囂々焉耳是則人知之而亦々然者也由是而人不知乎假而曰不悔不知也遯世無悶此聖人之所以達之者乎

上一層翻襯

固難以驟幾而恤々焉則何為哉且夫不知亦勢所必然耳富強功

商鞅亦嘗以此說秦孝公而不合雖是人不知注腳但又以毛顯七耳

利舉世所願聞矣進以唐虞三代之談亦何怪群斥為迂濶吾匡居時早已預卜焉而安所用其悲憤也囂々焉耳是則人不知而亦々

然者也蒙遇於明主見擢於聖朝此亦豈尋常之事若第曰人則取（綜特不羣）（如洗發）
舍不足為定衡況以我自問有所謂囂囂者也而得則為之喜失則
為之憂則所以置人者亦太峻矣賢人而彙征正士而在野此亦關（標格特絕）
盛衰之運若第曰知不知則從違止見於談論豈偶爾所遭之改其（更善搜剔）
囂囂者哉而或引為快心之遂或視為拂志之遇則所以處己者亦
已卑矣是故子必得此囂囂若而後不必問之人亦不必不問之人（結束嚴謹遒勁）
分庭抗禮而激昂之氣象常伸聽其自知亦聽其自不知履困處亨
而浩落之胸懷長在不然毋漫言遊也

奏金石而破蟋蟀之殺斯文有焉懸之辟雍當令於論再咏　原評

心細如髮眼大如箕風骨嶙峋高絶一世陳植三

可以囂囂本領全在尊德樂義上此處靠定不得孟子後文說得來大了此處看低不得文重扼上截以透下截見知不知操之自我與人無干即遊說自與儀秦鞅斯迥別離遊說直與古人窮達相符兩亦囂囂氣象萬千而仍含蘊不露具此識解筆力纔可代命世亞聖立言

人知之　張

人知之亦　離道　　　十六名　楊廷為

有自得於遊之先者以之貞遇而咸宜矣蓋士之囂囂原諸德義也窮達皆宜又何知不知之有異哉自夫遊道之衰為士者徒聽人世之得失以為憂喜是其所挾以遊者甚無具也夫在我誠有其具則內焉有以得諸心外焉有以見諸事持之自我操不以人與其間也（植有分就）夫人之所得與焉者不過知與不知兩端然而知之自在人耳士未嘗介諸懷也不知亦在人耳士未嘗易其慼也士所以應之者祇囂囂而已紛華靡麗之物所欲不存焉而唯以寧靜致遠者獨立於萬物之表顯榮赫奕之地所性不存焉而唯以

光明磊落者自遂其浩落之天此所謂囂囂也雖然難言矣而唯（清界限所出）

士無難不見士固尊德樂義者乎天之尊爵必謹凜之維義人之（淨）

良貴恒奉持之愈力絕外誘以伸固有之權唯吾德之據其上也

尊之至也孤介以立其操而神明以曠挺特以勵其行而志氣常

恬去紛華以永淡泊之趣唯吾義之常不倦也樂莫大焉如是而

何不可以囂囂乎如是而何知不知之有與乎夫知不知其小者（急急挽）

也而窮達則固上之大端矣自尊樂以求德義無所歉于心而窮（衆其公）

視所守獨于義為覘其操持之正安見士有窮而失義者窮而不（言其大節）

失即不窮而亦何嘗失也吾尊樂既深德義亦既足于己而達視（我德更闊）

所為必有道焉觀其經濟之用安見士有遠而離道者遠而不離即不違而亦何嘗離也盖廊廟山林未嘗視為兩途（收二比切實可味）而義以守身道以匡時固定著於行事之間窮通顯晦士可唯人所置而德全者其義精（精雅典周密）德義全者其道大亦祇安乎性分之素以斯為遊誠可以囂囂矣不識幻賤果足語此否

於知不知窮達分際辨之極精真眼中不著一翳者也不失不離淡尊樂中來亦有內外偏全之别獨能歷歷　王學舒

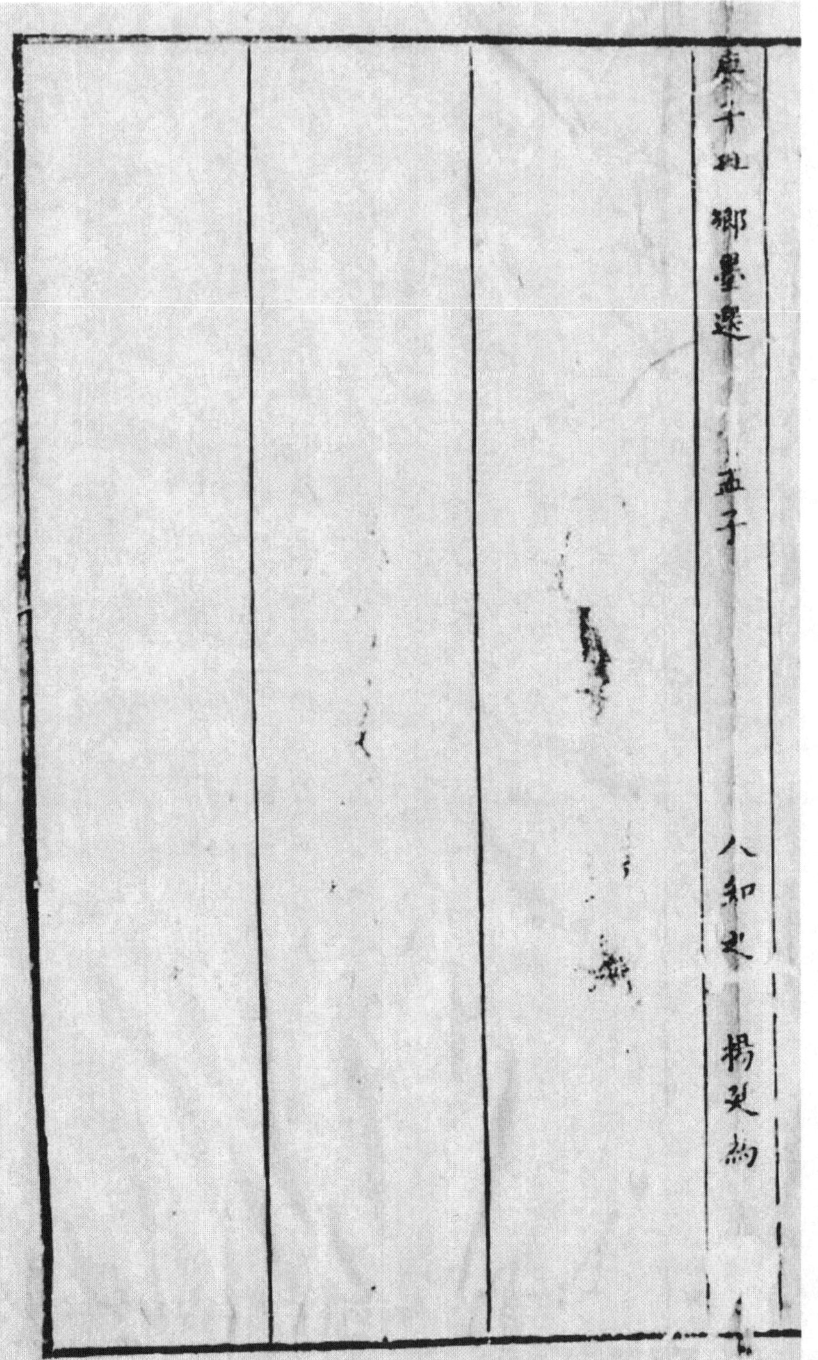

庚午科鄉墨選　孟子　人知之　楊炅約

人知之　四節　　薛觀光 元

無往而不得者即無往而或失者也、蓋人之知不知、關已之窮與達而既緣尊樂以自得、有不緣道義以無失耶、且士生宇宙間相與日酬對者蓋有三端、其廷獻之資在人家修之實在已輿論之歸在民而要之已為重民次之人又次之矣自夫遊說者流立談鄉相始則品喪於已繼則禍延於民而終莫之顧情意是何但有人之見者存也夫人亦何權不過知之耳而見知者輒引以為達不禁其欣欣焉不過不知耳而不見知者輒引以為窮不禁其戚戚焉亦未可以為士矣孟子將以士望句踐也乃因囂囂以概

江南

之一撫腕而奚負荷問心而奚啻趣庸碌中林即少勝人之具金玉
而第錙銖軒冕而徒塵土粗豪意氣並無自勝之端若是而欲囂
囂也奚可哉蓋不能囂囂者患在視人為甚尊而已不自尊不自
尊則褻天寶甚而安在其囂囂亦患在視人為可樂而已不自樂
不自樂則棄天尤甚而安在其囂囂然則囂囂之實徵句踐問孟
子固必有以告之矣今夫足於己無待於外之謂德也行而宜之
之謂義也由是而之焉之謂道也彙三者而總計之同條共貫宜
於士有兼備之修而德之可以為尊爵也義之可以為樂土也道
之不可以須臾而離也區三者而形容之縷晰條分又於士有各

得之妙則旦因罪：之所從生以究罪：之所終極不見夫人不知而窮人知之而達耶窮與達亦生人共歷之遭矣而貧賤能移

淡○悟○自○足

富貴能淫則失義而離道者往：有然及儼然為士而獨不爾也此何以故○不見夫人不知而蕭然惟已人知之而蕃然有民耶已

穿貫條理○俱極匠心經營

與民亦人生接搆之常矣而衾影負慚國人與謗則失已而失民望也往：有然及儼然為士而又不爾也此何以故吾乃恍然於義道之所全者大而士所效於尊樂之寔之非偶然也而囂：之致於是乎極矣要之窮達之遇聽乎人聽乎人者已若不與非淡

後○二○起○比○可○勝○人○之○具○與○自○勝○之○器○識

泊以鳴高也世故不能為其加損而仕途顛倒僅能縈衆人之寵

寤豈能奪儒者之性情得失之數操諸己操諸己者人且無関非矜莊以自大也在我早自裕乎經猷而運會主持有以樹今日之儀型即以紹前民之芳躅古之人古之人吾能無睪然高望於其閭哉

渾融超脫筆有化工　大主司原批

無分畍限得古文章家陽開陰闔之秘中收寔落有韃淵邃又得戰國人文與孟子書文並讀厚薄猥渟之差　沈厚田

小講地位甚審善用一正一反之筆以舒其氣

揭起知與不知筆底有力手下有法

人知之亦 二句　　蕭灝

合知與不知而囂囂焉進境之通得矣夫知之而囂囂不知則又焉
是專恃乎人也今也不然遊說之道不亦善乎且以布衣韋帶之士而
欲抵掌於王公大人之前此必先有其自得之具而後可淡得失於兩
總也獨是世之得失每紛其途以嘗我而我為之隨其境而異其致則
當時游士大抵如是
是世之大人皆得操其權以役我而我反無以易夫世也烏足以語自
得之道乎子今遊矣我將何以語子哉想子驅車列國曳裾侯門大抵
欲人之知而不欲人之不知也明矣然而知與不知豈我所得而自主
中後轉甚勁
乎而要不可以不自主也有如入其國言則聽矣計則從矣饒如平生

下孟

前邊止提知與不知此處全出每句首三字兩路寫〃意下文乃緊其義於鋪排次遞有法也

〃對寫出遊〃知則喜不知則戚體態出在心上品次亦及吾儒又以見安望〃能氣〃

不啻如腹心焉則此白道可行矣旁觀者咸目之曰此人知之〃者也不然者入其國有懷莫吿矣有討莫從矣而君不我知焉相不我擧焉雖有嘉謨碩畫而莫皆也若此者則人不知之也嗟乎知與不知其遇異矣吾恐其心亦異其勢殊矣吾恐其情亦殊蓋以人知之則富貴可主至也功名可唾手也吾知其志得而意揚也手舞而足蹈也至若不知者吐胸中之奇而莫之信挾必勝之筭而莫之行返之於心未免悵然也鬱〃而不樂也若是則人知之吾見其欣矣而人不知則戚人知之吾見其喜矣而人不知則慼人情大抵然乎此而欲其囂〃也其何以之與有不知吾儒於此亦聽其自至耳且夫用舍命也行藏時也使戒

第○点○八○言○書○上古○不○重

立此數語以開下○面○之○局

二○句○歸○但○編○却○逆○上○身○念○丹○主○而○句○拿○却○下○對○史○意○宅

此對寔發囂囂以見吾儒學術之正心体無一毫芥蔕自與遊士迥別

東發最寫得吾儒無入而不自得之意出詞章亦極灑脫

正体註

見知於時則蒼生之倒懸可解四海之衽席可登大道自我而行之遠此從大行不加得來之性体未嘗有加也祇見其自得焉耳無欲焉耳即或利濟無期則一生之志頹英雄風昔之壯志莫用天亦不足悲也人亦不足惘也返之此從窮不損想出性体亦未嘗有損也亦祇此自得耳亦祇此無欲耳人知之亦囂囂人不知亦囂囂我之語子不過如此若此者齊淨失於兩忘常抱此若將終身之致俯焉仰焉無往而非性体流露之真適順適於無心雖盡歷風塵歲月之中優焉游焉隨在而見天懷淡定之樂子亦思所以致此囂囂者而可矣

囂囂有遊士之意見有吾儒之本領篇中分寫得樂若列眉頓挫句

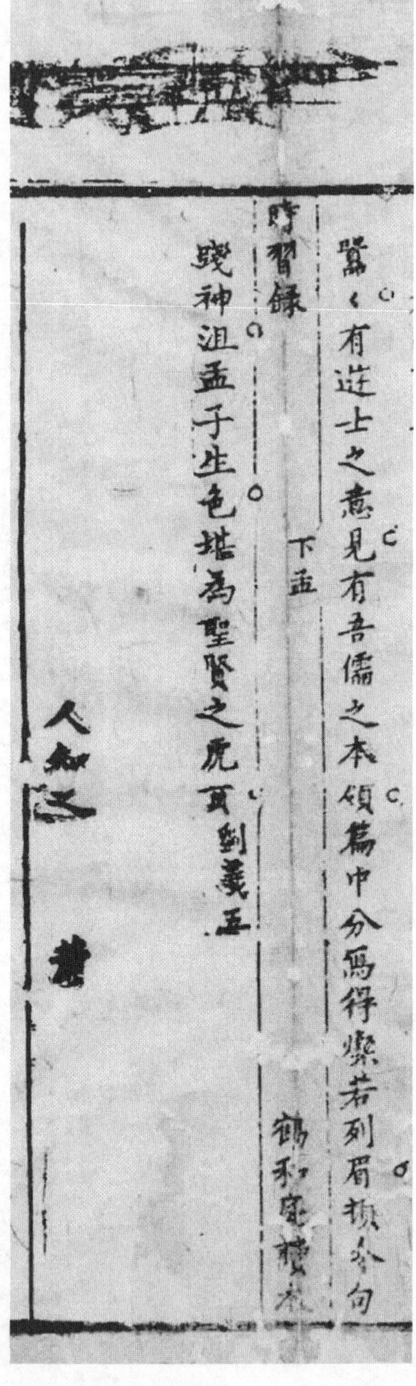

纍纍有遊士之意見有吾儒之本領篇中分爲得烘若列眉損々句
時習錄　下孟　鶴和庭禮本
踐神沮孟子生色堪爲聖賢之虎頁到義五
人知之　禮

人知之 四節 顧奎光

人知之 四節　　顧奎光

語囂囂而原諸德義可徵士窮達所與俱者矣夫合知不知而皆囂囂惟尊樂者有德義故也是以窮達咸依道義而已與從有不隨之背乎且吾人欽志意不隨遇而分欣戚必使性分不緣外而設依畀是以位置夫我者不必有常而其附麗乎我者要歸有定（一囂二大固焉凡焉究頓綠）蓋皆有自主于中者非倖取乎名寔之無傷也苟不推夫致此之由而徒求夫足巳之致將强鎮之而不淂惟詳指其寔乃知我所（不快意不依）挾以遊于世者原未嘗問之世人是固將求諸己焉而非苟而已也如孟子之語宋句踐以遊殆有異乎世之所為遊者也夫世之

一轉尚取側勢矯頭擺才調兼局幅爲壯足康海黃嘉[illegible]
所謂游者其所尊者侯王卿相之榮所樂者金玉錦繡之富由是
畏易除萬人門戶之文
約處則揣摩權術而早喪其本來顯榮則投合時宜而損隕其聞
囂此其游可以處人之知而無以處人之不知實則合知不知而
皆無以自主者惟其不能囂囂也若囂囂者豈其然寡求于世歟
羨既消無歉于心怨尤並泯知不知分而其囂囂自合其意中并
不見有知不知而何在不露恬愉之形一立談取相奇遇何驚歷聘
迴車不豫何色囂囂既合而知不知安分且其意中并不見有囂
囂而隨處自呈泰宗之素一領其所以囂囂者將假物以自鎮乎有
出落用正
異術以排遣乎抑卓然有所得而不失者自然而致此乎吾知其

必有可以囂囂者也故勾踐問之而孟子以尊德樂義告之矣不
有德而尊之者雖果能尊之而囂囂者在是矣陰騭有原皇降不
寔[illegible][illegible][illegible][illegible]
與前後比有光處
危其子奪秉彝可好帝錫自極其優崇尊德者性術自榮何須軒
冕夫不有對夥鐘而中熱者耶而尊德則澹然矣莫不有義而樂
寵花鵲素悃對忠言
之者難惟其樂之而囂囂者又在是矣正位有素千駟不眩其操
持制事有宜一介必嚴其取予樂義者率履不越何慕浮雲夫不
見動紛華而外移者耶而樂義則洒如矣且夫人之不知則即士
之窮也人之知之則即士之達也世第見士之窮也絶義而處其
感不繫于子心淵淵風而獨寫
達也履道而行謂士何窮達一致若此而不知尊樂之必有所

墨卷擷華録　人知之　顧　江南

見也藜藿而嚴幸由無隕穫者骨力彌堅廟廊而守素履無克詘者措施愈正義易失于窮道易離于達而士乃恒與為依且窮有（末節插議總庄）所不失義即士之已也達有所不離道即民之望也世第見士之窮也于已不損其達也與望俱隆謂士何民已兩得如此而不知（中有聚晉名士手札數通）尊樂之寔必見之事也立身自有本末盟泉石而夢寐無慚立朝不滅經綸負山斗而虛擬無謂已第完其已望第全其望惟士乃一無所負是知得已而不失望惟義道之故不失義而不離道惟尊樂之故遊有知不知之兩途分之即為窮與達士惟尊與樂之並致保之即全已與望然則無往非道義則無往不囂囂也苟其

無得于已而徒求諸人則挾策侯門朝燕暮楚知則揚揚不知則囂囂耳期一日之囂囂安可得哉

大主司原批曰高談快論慨當以慷許兄西峯加許曰曹子桓射獵歎肥筆淺之時禰正平才情耳熱酒酣之後要之合觀三作氣韻有加而涌用不已態辛棄疾陳永康說功名服為奇士俯首移時燒燭寸短沈厚田英乱潤金石高義薄雲天直可追蹤屈宋比肩班馬　張位六

人知之　頤

第一冊　卷二

逆探下意明擒正起法

二比前也擬起皆

人皆有兄弟　此面剛動點，四面實位以雲法；搴寫清真行，六比相承格　王元蘅

以夢兄弟者言兄弟若慕乎人之有焉夫人之有兄弟常也皆大兄弟亦常也何必言之若有欣然者慕　其憂之也若曰世天下多不平之事而人偏處于豊也古今多不均之感而人亦人樂也嘗讀詩至頍弁之篇行葦之詠輒廢書而嘆曰彼之弟何其幸哉已而觀之而知羨亦非所飾者矣人不能二比以人　為使謂天倫之樂皆哲與傻之愚者宜然則天下之何其未嘗嘆孤特也　不能皆賢而無不肖使謂偏不足而不肖者　有餘則天下之人亦不皆不肖也

增訂小題秘訣　論語

得廣闊不論何〻皆有此樂牛說到此不無忍语

有兄弟皆止爲到將死是憂耳正是羨人皆有〻

錯認題旨

文評　將人皆有三子盤曲寫來各種兄弟無不說遍〻畀

欣慕正語〻是極其感慨言在題中神在題外非欲請辨

弟吾客喧雜不倫也止為一個独亡之我烘雲耳　吳蹤截

註釋　塤箎〻等　氏吹塤吹箎　孤特　杕杜詩柄此無兄　苗自傷其子特　折圭　翳子猶　爵折圭之

環堵　礼儒〻堵之字　環　燕笑　詩燕笑　鐘今　弱齡　鵠〻成于　小弱弟　萬綱唐叔　蔡芻　暮年

烈士暮年　負笈　苗章負笈　詩陟彼　郎今瞻望　父兮　常棣

壯心不已　從師　屺岵　陟彼岵兮　瞻望父兮

人苟欲生之　一句

江蘇開宗師科入
嘉定縣學五名　莊天佑

生以養而遂、人亦大有知矣、夫欲生在桐梓微矣、而所以養之者、且人人皆知也、知寧獨此哉、今夫天地之性惟人為貴、人心之靈、莫不有知、人固從同而不從異者乎、夫使人而或有異知、吾反無責爾矣、不謂微明之克灼、且在一物之遂生、若合天下而槩有所知焉、則甚矣知之大可用也、即如拱把之桐梓、此亦何預人事耶、其克生也、不過場圃之利、其不生也、祇屬樹藝之疎、顧慈弱植、奚必長養之盡其材、此豈盡關人力耶、其未生也、地道違其勾萌、其已生也、天時旋其雨露、瞻彼中林、何妨培養之失其所、雖然人而

大落墨　筆力破餘地　合　際遇謝太傅語恰

不養之也必不欲生之而後可因即弗知所以養之亦無不可抑知斯人神明之寓本得秀而最靈苟一端之感而遂通則流行活（就知字騰起全神并欲生之所以養亦一氣流出）潑之機斷無不昭然而共著斯人靈智之源更日出而不匱苟寸衷之迫而自動則措置妥全之道未嘗不燦然而俱呈故使謂其未必有知人且不甘彼夫肺腑之如語始計之而冀其轉計之（襯筆為背字出力）而又慮其不生猜見者或疑為私好則然迨推之於彼於此而無不皆是則私也而成其公矣夫理之公者同則恕之意惟達者能悉其故乃泛泛之倫咸喻此欣欣之意則方其四顧躊躇直可因（好句長城之言）其所明以曉之曰物猶如此即使謂其未必盡知人亦不服彼夫

籌畫之甚周欲生之而恐失其養既養之而猶恐稍闕其生乍接焉或疑為偶見及漸造微之此理此心而罔不皆合則偶也而率為常矣夫事之常者習則忘之意惟智者能燭其微乃蚩蚩之衆各挾此耿耿之明則當其百慮同歸直將取諸其懷以措之曰吾固有之然則人雖自掩其知而知已不容掩矣欲生僅桐梓得毋其細已甚即讓未遑曰吾弗知正可掩其憒憒耳執意舉此為[illegible]（工於曲勢）凡起例之條而生意可覩知偏一宜其睽夫乃嘆兩間有靈氣不以顓蒙而或沒也其誰（詞已盡而勢有餘）不負小慧之名而輒誇予智然則人或自咎其知而知罔不任咎矣所養雖相梓無乃每況愈下即謝不敏

曰吾何知誰為牮其莊ゝ者孰意孰此為保護維持之驗而養樹（宏字亦滿到）有術知若盡揭其藏夫乃信一隙有未光不以栒蔽而遂泯也其誰肯被下愚之目而自等彼昏則甚矣知之大可用也何獨至於身而反之亦可深長思矣

識題題蘊正復神遊題外一挑半剔家數即得如此雄深雅健

廖南崖

為題作持滿勢筆未到而氣已吞此等法力金司馬不難至詢是後來之秀

朱覲康

人將拒我如之何其拒人也（論語）　王培

人將拒我如之何其拒人也　　王培

拒不必不自我受也而拒乃窮於所施矣夫我拒人而人不我拒無所用拒耳而況有必不是者乎故子張轉為不賢者慮也曰為交人設為拒之說者將謂拒非人所樂聞而於我則甚便也不知拒之而人受我拒或拒之而人不受我拒則拒猶足用以斯則聖人不受而轉欲我受其是非人之果不可拒也可拒者人而不可拒人者我也夫我非不賢者敵我而不賢其不足見重於天下也審矣苟自展其區區之說以求諒於當世當世容或有衆而收之者乃見不及此顧執拒人之說重自絕於天下天下亦

〇前〇五〇段〇[illegible]〇三〇字〇〇〇神〇然〇後〇折〇入〇首〇句〇根〇究〇疑〇分〇感〇是〇名〇也

安用此[illegible]輕之我而詹詹焉計其拒不拒哉且夫拒之云者必人有一[illegible]我拒之心與我必欲拒人之心遂相會而拒之勢成斷無有[illegible]將我意空名其拒於天下者也然則拒人而出於不肖之我誠不知其何所嫌矣將無謂當拒則拒事由人取夫事由人取人亦何辭而無如我亦猶之人也抑或謂能拒則拒權由我操夫權由我操我亦何憚而無如人固各有我也我拒人人猶不能拒我乎人拒我我尚後能拒人乎拒非必嚴薄之情徵於顏色也苐使人於精神意氣之間若微露其责然不屑者而氣已為之盡矣我未舉以相加人早遂而相制斯時縱欲矜其能拒者功以示

為〇前〇字〇添〇毫〇

人將拒我

科試桐鄉縣學一等一名 朱均

拒不必盡出之巳也為輕言拒者易境以觀焉夫不可則拒之心人孰無之而頑忘我之為不賢乎此則言拒者當自為計耳且自有拒之一說以繩天下患其不知為人地也正患其不知自為地夫人之欲善誰不如我使盡汲汲焉抱不恕之衷刻以繩天下之不肖而我達以身際其後則此際之絕物為高者果能自解於不賢否耶如不賢也曷不即我視人之情轉而為人視我之情乎鑑別之精不必在我者得其真而在人者得其似我不賢而人即以不可例者固其分也刻覈不皆自我開而巳無解於躬之不閱糾

繩之法不必在我者處其峻而在人者處其平我不賢而人即以可拒論者亦其宜也入世既自高其格而又何怪乎人之我先至是而且曰不我拒則必適一身於耳目之外自為愚而并愚天下（轉筆嬌姿）而後人世之指摘可寬抑或置一世于范昧之中能見是而不能見非而後此身之擯斥可免不然吾恐從而拒之者之已先在人也人情不甚相遠矣創一論而效尤者踵相接焉此亦情之所必至也况哉以拒啟其端而即以不賢滋其釁乎吾知攻瑕抵隙其責我于素行者皆得假不可則拒之說據為成局而在我固局自（點手快利）貽之戚在人轉為順事之施爾人情又至難測矣操一局而變本

人將拒我　朱均

者又加厲焉此亦事之不可知也况拒之者既先入為主而不賢者更倒授以柄乎則夫含垢蒙耻其不堪人揮斥者試一畈夫不可拒之說反而自維殊覺在人第善用其因而在我直身先為試爾交痛激為反攻或者我寔甚之耳正恐涉歷甫經方謂論交之惟吾所擇而與接為構其人已先置我于不可之列而不使爾留假館得自托於門墻則此際之求全何術絕人惡其太甚或者人寔任咎耳正恐萍踪偶合未必詬病之猝爾相加而實偪處此意中已隱設一必拒之形并不得援險雨谷風怨棄予于朋友則此時之交道更窮至此而猶曰人不我拒乎至此而猶曰我可拒

清言開了轉折不窮

將字想放寬一步愈逼得緊

浙江試牘

人乎。

瘦硬通神細筋入骨

入將拒　朱

人將拒我

陸師

有先我而拒者非必盡人之過也夫人不與我而拒我〻何樂乎有人然我實施之而能禁人之不我拒乎（與不可非之針鋒相對）嘗謂與世之不可過刻也非惟留餘地以處人正欲留餘地以處己耳何則人情不甚相遠也夫孰有願與不若己者游而不願與勝己者交乎亦不可者拒之似也其如我之不賢何哉我不賢則將就賢者而托契焉為其能裨益我也顧裨益之念誰則無之苟易地以思蓋在我也獨不（從我引出人壹[illegible]）將在人歟我不賢更不向不賢者而較分焉為其將比匪我也顧比匪之傷誰不戒之苟設身以觀人比我非我樂也我比人〻獨

樂歟若是乎拒之之說夫亦第知有我不知有人甚其人而為賢

（即以賢○善衆不能分貼）

與善者與夫豈不知容蓄我奈何其鄙夷我也然而人各有心矣

（○削○影○非○人○玲○瓏○巧○妙○聚○上○不○顧○亦）

以為我亦幸而為君子耳設令進德修業無一可觀諒亦在鄙夷

（○得○不○粘○不○脫○法）

之列更無有容而蓄之者矣曷為而不以是施乎其人而為衆與

不能者歟夫豈不以我為同心奈何於我乎遐棄也然而人又有

（○料○法○工○作○線○緊）

心矣以為彼亦幸而為不賢者耳假令考德問業進而日上且將

別有同心之侶其不至棄予知遺者鮮矣曷為而不以是報乎而

（○緊）

欲人之不拒我安可得哉夫度之事原未可槩望之儕俗況擇而

（○非○不○可○拒○之○呑○吐○將○字○抑○已○擊○動○如○之○何○意）

後交此事本不自人昉也使人實有知且將執我之說從容絕我

則在人倘負知人之明而我已無解於人之菲葑菲之質原難見許於有道況慎以全交此論又自我開也即我實有知抑且有辭於人無辭於已則在我甘受横菲之加而不得禁人之不拒至是未有不悔其向之太嚴矣而無及也我即爭自濯磨僅免於他人之憎惡而傳經問字之彥則寥寥也當爾時設有引為吾徒者當亦感且愧矣曰人能容我抑未有不議其前之過峻矣而已晚也人即勉為包荒終無辭於此中之介介而樂羣敬業之趣蓋寂寂也當爾時更有麾而去之者當實應且憎矣曰奚弗矜哉哉且將求免於人拒之不暇而奚暇拒人哉

（矜以縱筆為叙筆）（抱上谷）

緊從不可拒之。披剥而入。愈轉愈曲。愈曲愈靈。李山源
俱對下拒人着筆。深思曲致。步步引人入勝。中一股倒影拒
人。妙就拒莪者翻轉來看。極為靈變。凡題須注下處。必擴此法
乃不犯手也。徐日□

人将部

人將拒我（論語）　顧經永

○○人將拒我

江南高學院科考取入無錫縣學一名　顧經永

在己亦慮其見拒我且求容于人矣夫人之拒我者何心亦將拒我之不賢也然則不賢者于此蓋亦責己之無暇哉且使我以至嚴者絕天下而天下之所挾以交我者惟恐傷于忠厚長者之道而一出于至寬則亦可以直行吾意而無憾矣然而人情不甚相遠也在我慮所交之不慎以受悞終身而天下之大獨不兢兢焉早慮及此乎有如我之不賢俯仰此生曾無一善之足錄則天下必不望不賢者之見容而反以不容為幸謂此悠悠者奚足與論天下士也周旋斯世曾無一事之可稱則天下必不樂不賢者之能容而適以容不賢

懊者爲恥謂此畢〻者奚足與訂握手惟也嗟乎居恒憤時嫉俗舉世曾無一當予意及驗諸交遊親諸有道所不見棄者曾有幾人此以知人各有心善拒者不獨一我也人亦將拒我矣人于我乎何忌我于人乎何嫌乃天壤甚寬竟踽踽乎物議交加之下而抱恨于知我之無人此時感憤不平不禁議人之待我者太苛而究之非有苛也

此打上下俱靈

制行不足以服人言論不足以動衆即令見拒于人者易地而觀亦且絕之唯恐不速何況他人也平心而論愧悔奚辭而自返能毋悚然人之外我者因而惜我人之擯我者無非激我覺身世甚曠竟消沮于公議難乎之下而致歎于知交之不易此時感慨無聊不禁議

人將拒我（論語）　顧經永

人之責我者已刻而究之非過刻也舉世皆稱同好而我獨遭其遺棄設令見拒于人者側身修行亦且頓悔前日之非何況他人也乎情以處究應且憎而自顧能毋惕然惜也其亦不幸而不遇容衆之君子也衆人見嫉在已必有難堪方冀得一君子其人者收諸見棄之餘而辱在門墻夫亦可以不行謂拒我者有人而容我者未曾無人也然而難矣長厚之風近今難矣無聞而紛紛者天下將無容我之衆矣惜也其亦不幸而不遇矜不能之君子也衆人遠我在已必非所願方冀得一君子其人者矣其孤立之勢而相得甚歡夫亦可以無傷謂拒我者有人而矜我者未嘗無人也然而難矣仁人之度

環○抱○上○句○天○然○波○折○

正○對○下○拒○人○着○筆○

末之久矣雖期而落〻者天下將無矜我之人矣吾恐藐〻而自全猶且不足而顧拒人拒人云爾哉

筆勢寬展游及有餘稍嫌股法太長未極變化生動之趣吾嘗論作單向題文字須是有離有合有起有伏有擒有縱尺寸之間移形換步其法利接短兵若好作長股連七百里營知其不可以戰也

人將拒　樾

人無遠慮必有近憂

李枝桂

惟人有能慮之才當知遠之近矣蓋能慮所以為人也無遠慮於豈謂憂之尚遠也耶夫子特為人致警也若曰天下之事變無常而莫不有其相召之理以為無故而自至者此即其所以至之故而人不悟也夫豈能終不悟哉迨于悟焉而亦已晚也則何其好自逸而不知所以用其心也今夫天之生人也而豈徒哉任天下之重而持天下之難非人不勝也人之所以參乎三才也與天下之患而成天下之功非人不能也人之所以靈于萬物也人則烏有不能慮者哉物有其形吾之所及見也而慮之所至則雖形

頂○門○一○針○

公○高○一○呼○

藏於無朕而已不嘗其見之而預為之措置者盖既已為人即未

○消○息○已○畜○無○遺○

○吃○緊○人○字○必○有○

有頑然自安于飲食寢處之間而可以不愧而不作者也事有其機吾之所及聞也而慮之所周則雖機伏于無端而已不嘗其聞之而早為之區畫者盖既已為人即未有泰然自恣于醉飽讌言之地而自謂無懼而無疑者也若是乎人之不可以無慮而慮之不可以不遠也遠慮者疑于畏葸而卒之多懼多凶畏葸者常得

○看○得○最○好○

善全之策則寔非畏葸可知遠慮者近于迂濶而究之寡尤寡悔迂濶者恒有可居之功則原非迂濶可知柰之何而竟無遠慮也哉其任一時之便而以為動也不如其靜也則一切皆廢弛而不

人無遠慮必有近憂（論語） 李枝桂

舉便莫便于此矣而豈知酣焉適焉之中有甚不便者存焉且其（晨
鐘暮鼓發人深省）酣焉適焉者無幾何也衽席之上而戈矛忽起真若有出諸意外
者愚人之所謂意外正智士之所謂意中也則惟此酣焉適焉者（透徹已極）
之所自致而已矣其趨一時之利而以為失也不如其得也則一
切皆廹急而無序利莫利于此矣而豈知溺焉驚焉之際有大不（筆〻轉筆〻靈）
利者存焉且其溺焉驚焉者無多日也談笑之餘而匕鬯忽驚真
若有數之適然者小人之所謂適然正君子之所謂固然也則惟
此溺焉驚焉者之所自取而已矣必有近憂夫近憂亦人之所甚
不顧也而奈之何無遠慮也哉無遠慮者以無憂為樂耳苟知樂

其無憂者之不免于憂則樂之趣亦減矣此則晏安之疾未至于不可療者也無遠慮者以無近憂爲倖耳苟知倖其不近者之適所以近則倖之情不生矣此則吉凶之幾尚有其可潛轉者也人乎人乎其盡心于所慮乎

趣甚

二片婆心此處

體認得真字字親切有味神不外散語必透宗尤見作家風力

人無遠

人無遠慮　一節　李尊

人不可無慮、聖人以憂勤焉、夫先憂而制者慮也、慮不遠而憂近矣、其可不知所儆哉、且吉一耳、而吉與悔吝參焉、從憂字逆入、然則人生亦大可憂矣、雖然、天下未有憂之形、必先有其理、既有憂之理、必預兆其幾、第是幾也、耳不及聞、目不及見也、有慮焉、研諸神明之渺、可先幾以備是幾也、天地不能遁、鬼神不能藏也、有遠慮焉、窮夫倚伏之變、可稽幾以御、有如履易而忽其險也、履簡而忽其阻也、家庭之外慮不及、先憂遠攝要意、敘將與地說、今至也、朝夕之外慮不及百年也、一人惟才之所在而愛伏焉、慮之不、映出病根方寸所愛、名論、遠、而凡可以遇用其才者、當無所不用、言動之間有伏戎矣、取驚也

丙戌科大題文選

可以作銘

之事以娛心而與其兇咎也難哉人惟情之所動悔吝生焉盡之不
慮而凡可以過徇其情者當無所不徇嚬笑之際有陋附矣以意中
之變為意外而訴其突至也愚歲盡綢繆不察漫開蠱壞之端則直

洪蘇近字

而可逐者憂猶後而漸不可知者憂甚近也然中於憂者不知憂倡
使瞻言百里者代啟帰處之想經畫無全自生無端之焚藏則漸不
可知者憂猶緩而忽不自保者憂又甚近也[illegible]伍於近者不知近機
有知幾其神者有同剥膚之痛至於憂之近也而遠亦不及慮矣何
也憂未兆而先慮其神暇而整慮不遽而成憂其神迫而亂夫人誰
無慮者每不知其所用至欲用矣而又不為我用亦夫可憐甚矣

經力洗發近憂手眼敵萬不爾便說成慮之不遠必有遠憂矣中

闡摘抉窮根囊括古今事勢警心動魄

人無遠

李

○○人無遠慮　二句　　吳韓起

天下無深心之士以近憂悚之爲蓋人之無遠慮者必易言天下事也試悚之以近憂能無惧乎且一代豪傑之士出而持宇宙之故必使禍患無自而生然後我可以安然而食其福故要以未易言也此人之所處皆憂尚也必有慮焉以杜之所以成敗利鈍胥了了於才大机深之中凡憂之所迫皆近局也必有遠慮焉以却之所以天地鬼神名靜听之智周道濟之手而若之何慮之不遠者乎則能必憂之不近者乎其渺然自喜以爲人慮之而得我不慮之而亦得且無過勞吾肝胆也雖然天下豈有不勞其肝胆而能動出萬全者我見其局中之陳編多矣憂即乘其隙而入之矣其翹然自矜以爲人必遠慮之而藏我不當

課兒草　下論

慮之而亦藏也且無遺費吾精神也雖然天下豈有不費其精神而能動無遺舉者吾見其胸中之閑暇甚矣憂即伺其舊而中之乎向使憂不乘之而入則佚豫亦足養安古之人豈無先我而享之者而且乾乾夕惕若慮人之所不及慮併慮人之所不必慮者何爲乎哉向使憂不伺之而中則競業似爲過計古之人豈無先我而劫之者然且君呼臣噤若慮人之所不能慮併慮人之所不敢慮者何爲也哉吾願人有見於此也寧皺皺無蘇蘇寧翹翹無夷夷寧使天下謂我慎謂我葸謂以其深心爲天下無使天下謂我壯謂我困反以其雄略誤天下而後近憂可免乎哉

無字必有字案呼應中比脊出最得題神

人無遠慮 二句（下論） 項煜

人無遠慮 二句　　項煜

知遠之近者可以弭憂也蓋憂無遠也忽其遠則近者至矣是以君子慮而後動嘗觀古之人快心殊少而勞心獨深若此其[illegible]非敢以為功名之藉也曰庶免於憂也而過夫此生[illegible]憂境也熟慮知不及於庶物全萃於人而轉瞬皆憂景也竊遠亦不存於百年即伏於近是故君子視尋常之飲食若有倚伏之幾焉咫尺之堦除亦盡四游之而蓋窮其變乃可以貞天下之常也立其基乃可以倚天下之後之慮誠遠也不然規利於錙銖者知動而不知靜恣快於目睫者知極而不知返夫動者聖人之所慎也暖物之厚載以壽者其松英

不有所善之形為天下飾終之為天下射矣極者萬物之所畏之如令之一蹶不支者其先莫不有可倫之邊際豪傑之意總然已肩舉之資矣以性無飾然之偏則從不足以鎮物而相移之以精散精華竭一日之用則勞常浮乎其聲而莫分適於所治以為不足慮而忽而不及慮焉以為無思遠乎幾兼不甚遠矣危哉意念旋以隱謀錯知大道所忌而深心冥涉世之珍英雄聚畢世之精于一事從能集一事也賢哲攬千秋之變于一朝始得安一劍也發身若以其蘊也是黃又玄一流人雖然動

轉覺五千道德之煩 [illegible] 十

人無遠慮

陳常

慮不可以不遠無之者深足危矣夫事必待乎慮而慮又貴乎遠乃人而無之其可危不已甚哉比人生無可倖全之日而不容有自恕之心蓋智以操而能精雖不安于玩愒而機宜在一念即籌度在百年非然者未事之綢繆在彼固以為過計也而揆諸達人之先見竊歎其自謀者疎矣今夫人以身入世不當有所慮哉一事不必然也而恒作一或然之想以騁轉於無方則寞心獨逗神智不敢留餘而預後聽前一境而研思者再理有必至也而每旋一不必至之思以籌譜于至盡則刻意求全揣摩所不到而俯首

時藝擷觀　論說

術盡一時而繳志者三是則能慮也慮誠遠也而竟有無之者夫世險夷之路以昏愚處之而險者亦見爲夷正唯不知有可驚可懼者而計較之精神不出也夫既無高明之識以察乎我先而又

極言其弊闕若規大

以苟安旦夕牽片刻之息肩則中情以委棄而益蒙不特無形之機變有所不能窺雖事勢顯呈旁觀皆爲動色而彼且謂我生有

以流弊更跌下句

命何事勞心焦思乎萎然幸衽席之間皆坦道矣天下常變之交以鹵莽當之而變者亦見爲常正唯不知有愈出愈奇者曰應酬

文勢

之志念皆慮也夫本無瑩之鑒以照乎事前而又以自恃聰明

對上

僅略觀乎大意則靈機以滿盈而日汩不特未兆之端倪非其

及料雖情形斷露膚夫亦有咨嗟而彼且謂一覽易知何爲難難
竭慮乎蒼深快耳目之際盡寧苦矣智慧經盤錯而始出苟不極
寀至一下二書字格○～之○動　○關○最以○麥云
諸遺蹤接大則斷無練達之宏才如是而人之無遠慮也亦適遇
尚逢恬適耳自暇自逸但圖手足之寬縱百密者猶慮一隙而見
小者何知務大幸而知天之福得以保其無虞也方將大戴以終
而安望悔心之有日神明緣惕厲而自深惟時迫以衡慮困心斯
不足精明之卓識及是而人之無遠慮也亦方寸無所移持耳以
恬以嬉不計懷安之敗則靈府自甘于暴棄（次二淺）即大猷已棹于經浮
幸而天誘其衷得使全夫末路也
知事機叵測而詎容淺見之

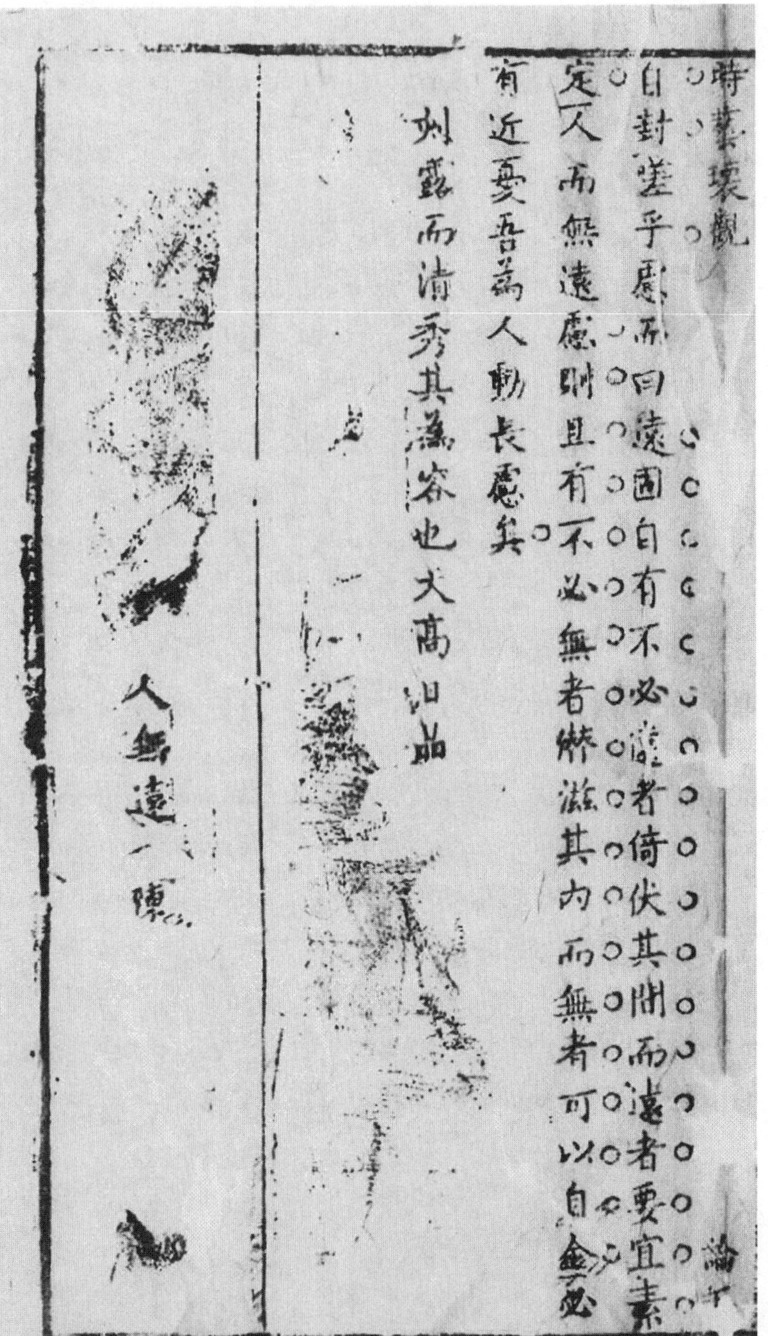

時藝壞觀　　論語

自封嗟乎感而曰遠固自有不必遠者倚伏其間而遠者要宜素定人而無遠慮則且有不必無者紛滋其內而無者可以自爲有近憂吾爲人動長慮矣

　　剡露而清秀其爲容也大高品

人無遠　陳

人無遠慮必有近憂　　劉一焜

聖人啟人遠慮而深惕之焉夫憂不自生也慮不遠而憂近矣可無惕與今天下皆忽於慮之方萌而震於憂之已集此未觀夫遠近之機而闇於憂之所自來也夫慮生於不泄邇之一念而其精神遂周於不見不聞之表圖之若至邇而其及也遠憂生於不慮遠之一念而其胚胎遂伏於可見可聞之中忽之若至遠而其來也近一億兆人之命懸於堂上有如泄泄焉不為億兆人慮則此因循玩愒皆所以釀釁萌端而為堂上不可測之變也雖憂之來必然一戶庭之咎而其卒然出於不意若蕭墻肘腋矣千百年之計

勁氣一往有排山之勢

遠近字以互勘乃悉

文從淺出入從深不勞而出

兆於目前有如憯憯焉不為千百年慮則此齒芥歲裂皆所以潛伏禍幾而為目前不可禦之災也雖憂之成必非一朝夕之故而

此云二作如天造地設

其忽然發於莫支若瞬息眉睫矣蓋天下非有天行不可易之數

六字括盡世故

而皆以人情物理事勢為之端唯失於未兆易謀之初而駭於極重難反之際故衆而謂之憂亦無有卒來不可禦之憂而皆以安危利菑樂亡為之漸惟欲藏於可以有為之日而禍發於無可於何之時故衆而謂之近呼人能遠慮可無憂矣

一氣直達無堅不摧熟悉世故之言得此疵犬而尤為劇目鉥心不敢褻讀

人無遠慮必　一章

劉巘

慮必遠而後可以去憂見憂之不易絕也夫人無遠慮者以為憂尚遠耳而孰知即有近憂乎欲去憂而可以無慮乎且甚哉憂之難免也智者有千慮然後可以弭一憂是以憂能困庸人而不足以困智士者非智士强制其心而不為憂所勝而惟出吾心之能慮者以歛之盡憂乃受患于一朝而戚戚無可為之狀慮乃畜我于未兆而蒐蒐為先事之防憂與慮之勢常相因而不知此即得失之所肇端利害之所托始也今之泄然無慮者曰人之生我何是樂而已矣抑又何憂即有憂憂且尚遠也將何慮夫人且以憂為遠而不之慮乎哉

不知天下憂慮無常境則遠近則無常形憂慮無定情則遠近無定域故憂慮無二事則遠近無二途然則是天下本無所謂遠也有近而已矣則人之善慮者亦慮其近者而已矣夫何遠之有哉然遠非馳騖之經營也正以近之不易圖維也非慮及其終必不能善成其始遠非懸虛之億度也正以近之多所叵測也非慮周其變必不能（先透出近憂）善守其常故遠慮非徒慮遠也惟其遠無所蔽而後憂之在肘腋之（在遠慮內則題意一照便醒）下者無所藏惟其遠無所遺而後憂之在几席之間者無所遁惟其遠無所不察而後憂之當防微杜漸者有所不敢遲惟其遠無所不恐而後憂之當先事綢繆者有所不敢苟而苟其晏安成習偷惰成

心而竟慮不及遠也。夫慮不及遠者，以為須臾之可覺，而不知圖須臾之晏安，即以召無窮之毒害。抑慮不及遠者，以為俄頃之可忽，而不知貪俄頃之偷情，即以開萬事之危疑（警動）。一如是而其憂何必待異地乎？其遠之心蹇也，即由其近之智昬也，而禍即從其所昬者而發之，吾徒見其俯仰而多悲苦矣。如是而其憂何必待異時乎？其遠之謀拙也，即由其近之力弛也，而害即乘其所弛者而中之，吾徒見其日用而皆艱虞矣（兜轉來文勢更振拔得起）。一向誠使慮踈而憂閒，息慮短而憂少舒，則吾亦不能發其以不及料之憂，而欲易之以不可知之慮，而無奈禍患當積于忽微，智勇多困于所溺，悔吝恒萌于始動，吉凶立辨于當幾，慮稍遺

于不聞不見之中而憂即生于習見習聞之地蓋遠近之倏不自持者其機如此嗚呼可不慎歟

説遠近極有分曉針鋒相對處直透題之中堅而後止其局甚圓其氣甚緊

人無遠慮　二句

謝履忠

人而善懷也、慮其遠焉可矣、夫憂在近者、慮在近也、人亦務為遠覽哉、予若曰、人于天地間、所托跡者祗百年耳、以百年之身、而動作千秋之想、渺渺者是將奚所極乎、而不知其非也、蓋其神躭者、其天全、其思深者、其患少、而寄于憂者、則未之計也、何則、凡人之憂、以憂為憂者也、以憂為憂、則挾一憂而來者、仍藏一憂以徃、戚戚者常在目前也、可若何、人之憂與憂俱憂者也、與憂俱憂、則憂無以解于我者、我亦無以釋所憂、憧憧者自私、當境也、且奈何憂在目焉、是在遠以慮之、蓋有高乎一世之識

（不可無此反觀）

（即以憂字翻出慮字妙）

（二比以正為反妙）

者始有超乎一世之才故小智小慧庸流競之逵者不為所以
[illegible]然所通可以平天地格鬼神惟慮之者遠也遠則自無憂[illegible]
可近矣抑有精乎百代之學者始有以成百代之名故愚[illegible]
忠淺夫義之聖人弗屑所以精神所徹可以出水火動風雷
以遠為慮也遠則自無可近之憂矣不然者利本小小而數
撥轉以反為正是[illegible]
之效本淺也而亟之所得未幾而所失者已不旋踵此[illegible]
人之所蓋也宇宙有不盡之修能祗千簡便者擇焉古今有[illegible]
窮之大業窮其近似而正焉所取無多而所遺者莫可億計此[illegible]
亦志士之所恥也以是而斷之曰必有近憂不信然哉是故慮

之貴遠也

勘透人情語〻懇到是閱歷有得之言　張日容

以後二比為題正位則前四比皆襯墊也大開大合之文不可以尺寸計短長　黃際飛

人無遠

入曰伯夷　一節　　李作楫

援讓國以為衛知不以君故助衛矣夫衛敢于助輒以君重也夷亦何不念孫竹乎故至重莫如父子而子之不為巳信今夫國不可無君人念不可無父無君不可而無父更不若無君惟取古人不以君故而禁其父兄者而後世隱忍苟且之私至此遂失其所托說在賜因問衛而及夷齊也嗟夫輒而君矣天下豈有無父之君哉衛人但知既廢之子不可父其父而不知不能以子而廢父但知無罪之孫或可禰其祖而不知不能廢父而禰祖但知贖出郢辭僅有亡人子在晁宜君而不知有父於而子尊父以承王父之君必無父存而子

用○意○更○曲○暢○

轉筆如水○甫○　非○木○之○言○

設○正○明○立○斷○斬○截○駁○暢○快○如○并○龍○夭○矯○不○可○逼○視○

歷科小題卓編　上論　　緇衣堂課本

倚主父命以辭父之君則子不爲輒明甚無如國人之口難以厭服

先○斷○此○語○諸○看○子○貢○問　意甚高

賜所為入而以夷齊為問也夫夷齊所處亦極難耳夷易君之重以重吾父齊亦易君之重以重吾兄尚謂父兄雖重未重于君則二子

子○貢○疑○處

已為輕棄大位也而子固賢之矣于其讓者而賢之則必于其爭者而喜之于其易君之重以重父兄者而賢之則必于其易父之重以

此二句折入子貢意更高

重君者而否之而賜猶以為未可斷也盖其當時而有中子之立也何使仲子不肯君孤竹亦如鄭之不肯君衛則孤竹不祀而于夷齊

洗○發○然○卒○疑○得○供○在○最○上○一○層○開○剖○從○來○未○有○之○論

一逃將其始獨行其志而後不無遺憾是權衡君父兄門衝不滑揀守父兄之故而使祖父之國斬焉也從子以為求仁得仁又何怨則

知○此○說○方○折○倒○鋪○排○細○一○綿○佚○

決夷與既死之父藉口于國有長君亦幸遠引之兄借言于國將存

發○活○名○

並非不其名順其義正而骨肉天性已不忍言終無以安然自立于

臣民之上也然後知君雖重必不重于父兄矣在夷也不敢以覲國

筋○〇用○筆○義○割○析○然○

而遺命遺命而死父而況因國而廢父廢父而禰祖在齊也父雖沒

更○覺○衞○輒○藉○口○抑○辯○愈○覺○嚴○緊○

而齊有父之命可辭兄以得國而不為而況父尚存而僭王父之命

辭其父以據國而不讓故賜出而直曰夫子不為也然則輒當奈何

此○紿○更○透○西○寧○南○內○可○知○矣○

或以為當奉蒯聵非也倘君衞而奉蒯聵則蒯聵必將圖其于輒之

大○義○的○當○

去其在卽辭而夫人欲立之時乎故苟非夷齊必不免相尋弑逆也

助輒之誤賢者不免當時亦皆看錯國君社稷之重此義之是似

而非者故子貢須問杓問其義再問其心正子貢善問處若止是争讓栂載子貢何須問得唐之靈武宋之臨安何嘗非國君社稷為重之義耶然乎一問直將從來借義名而助就造議論心事都讓盡中隱將中子與子郢比倒說透此義為向来所未發深有益于名教之文其氣勢之雄轉折之快出落之高自是大家作手　呂晚村

題前先將正義斷定已踞勝勢裡定父兄二字竟將衛事兩相比較議論正大轉折靈快掄斷題將大主腦意識又復層出卓然可傳[illegible]

入同倘　李

入於河播　師陽

歲入晉江縣學第八名　李雁南

河漢有接踵而入者、少師難爲情矣、夫河非可入也、而漢獨可入乎彼陽也、少師也、將何以爲情、且自魯政微衰、太師既倡其隱以適人國、傷哉陽乎、身爲少師、得毋心孤、但已適者不可以復留、而未適者猶可以各適、究無有先少師而言入矣、庸詎知有鼓方叔者、爵列播鼗前、位居少師後、敢向少師而繼蹈、同太師已適、吾儕奚歸、但適者去此可適彼也、滔滔天下、而誰適從、吾聞河水瀰瀰、可以樂饑、少師不顧行遯哉、吾其入矣、思厥同心、必有武在、於是武向叔與陽而言別曰、嘻異哉、太師言適、惟子言入、識見加人

一等矣惜乎此意不倡（眼）自少師使吾與予得如干也繚也缺也同

（顛倒跌落閒心逸智）

太師而稱適焉耳且以天地如此其寥廓也職業如此其頓殊也

爾擊鼓我播鼗既所執之有異又何所入之必同乎曰誰謂河廣

一葦杭之予亦曰漢之廣矣不可泳思遂相傳為入於河入於漢

（前面重重布置都為此埋）

云吁嗟乎入者紛紛不獨適者比比彼陽也少師也將何以為情

（報）哉夫職居散秩則身家念重猶得隱忍遷就以辱寵利之加苟身

（復筆妙）

為貳佐則名義匪輕安敢合垢忍恥以貽同人之誚陽也少師也

向者叔與武且相籌及曾無慷慨于其際哉或曰惟少師與大師

匹陽其尋蹤以留宗邦雅奏乎是不然彼殆友裘以入海也或曰

乘也擘畫得孔子于衛之遺焉

卒然而起卒然而結自成合傳一則不復可以尋常蹊徑求之

山從人面起雲傍馬頭生文境之奇變似之　儲六雅

提起必師逆入恰好把截題界突兀森秀疑是一座飛來峰　吳冠山

入於河　李

啟若編精選　下論

入於河　師陽

福建周宗師歲人　吳際恩
泉州府三名重卷

入異於適。知必謀不少師也。夫入河入漢、何不從太師之適、而為入之深。此必有取正于少師矣。知叔武可知少師。且夫統乎樂者。太師而下。厥惟少師長。既逝則少為尊伶也。有心疇不仰承其意。奇謂其涉烟水以從。從不襲遠適異國之踪。而少師不復聞知焉。吾揆其情。當必不然。當日太師既偕亞飯諸人而各有所適。鼓方叔者當如之何。夫向者諸伶之適。偕之者太師。非少師也。擊磬襄橫絕而也。顧老師之以適異國。未嘗導之以入水濱。為方叔者假不然。心宗國必曾部之一空。如其統駕他邦。亦必存故人之武。若夫中州大河在其此來也有情誰長栖此乎而不意入之惟恐不洛水噫不為適而為入叔何與太師同轍而殊途耶少師晉誰胡不聞拔轅而留之者諸詩章嘉歎並稱鼓既逐洛汭以北流盪豈能坎坎而孫奏宜乎播鼗武者之愴然感懷也雖然武可繼方叔而深入何不可隨太師而他適武乎誰與為謀而至斯哉可嗟再擊今茫茫烟水終河洛獻瑞之無期淼淼滄波亦江漢朝宗之既逝叔也武也挂冠以即浩渺之鄉質諸太師太師則已徙矣質諸亞江垩濟陽兄派分飯以下亞飯諸人則已遷於東土矣日衰乎不聞棹歌以來祇共悵怏以往當日者按袂以入意必有向少師徘徊籌度而始決者

也少師為誰陽也是其人矣夫當太師未適之先權在摯不在陽祇佐翕純皦繹之脩鏘鏘者有專司也迨大師之既適權在陽不在他應總諸除進止之律淵淵者共統屬也吾想少師猶有意振興東國之逸響則繼摯以負荷舉凡代鼓播鼗之不隨太師以適者必有遮道牽裾留彼於事何至於江天雲樹之外摩娑其金草之音以作芳洲遷客也耶讀者觀武之入漢叔之入河知兩人必有領少師之意故深入而不出也人則其時少師亦已無意於魯

縱

凝勝尚恍然眉連

意恰對洛下

入於　吳

少師作主杼軸余悲其文淒切百感蒼茫彷彿子山哀江南賦

考卷英鈞　七二　論下

入於河　至　少師陽

倪大楠

有入河而樂伶幾盡，恐少師亦難留也。夫河豈可入之地哉？有入河而入者，淒涼矣。雖有少師，詎能終留耶？嘗思世道盛則賢人有出而無入，世道衰則賢人一入而不出。蓋彼既以入倡入，雖有職佐長官者，亦祇留姓名於史策耳。故古未有以入著者，而自入河之方叔始。今夫太常之地，司一器以隸籍于太師者，自少師而下歟，惟鼓任為最。鉦彼鏞鼓、鼖鼓，其制殊；鼗鼓、縣鼓，其形異。誦淵淵伐鼓之章，未嘗不歎鼓之為用重也。今叔也修其職，率其屬，以存宮懸于望國，誠國之大幸，而奈何竟入於河也。噫噫，此一河也昔也聖人興而圖呈龍馬即河為文明之區今也賢人遯而跡斂塵寰又即河為沉淪之所由是河一入而入者寧獨一河哉夫一成之中鼓以作之必有鼗以閒之鼓以先之必有鼗以後之其相繼以成者不啻如少師之佐太師焉今叔也既遠跡以遁宜武也亦且潛踪以行叔也既荒陬不辭宜武也亦且僻陋是托迨至入漢之舉與入河相繼論者不幾謂魯伶之內虛無人哉雖然猶有少師在乎

夫樂之官長職其半佐亦職其半彼夫翕純皦繹以及洋洋盈耳之盛雖賴太師之力要亦少師輔相之功為多則如陽者殆未可少歟向使為陽者能不忘故國不去故官而以感慨

歃歔之意。感激乎諸伶將見入漢之武必且謂漢之廣矣不可泳思而入河之方叔安知不臨河而不濟耶而卒與擊磬之襄同爲入海之侶。以君子是以觀其入而歎世道之衰也。

評

起伏頓挫步步自然協乎桑林之舞

入於河播　於海

徐紹鑑

所入之各異其地而避世有同心矣夫河也漢也海也其可托乎而諸伶頗入於其地耶昔吾夫子悵悵無之時而臨河浩歎時而浮海興嗟亦嘗有入隱不遂之思矣而餘情匪惓惓也乃竟有甘心寂寞之濱者江湖可樂各溯洄而阻長風流雲散豈徒在水一方乎一如繼摯與干繚缺而絶者鼓方叔也夫方叔何適乎或者與太師而分散亦將栖遲東海之邦共亞飯而偕行亦將寄跡漢陽之地否則或隨繚缺而同往則流連水國而終老漢陽亦無適不可耶然而彼若無之可適矣曰有所入也何入乎爾曰於河河之

水洋洋乎波流之響時應伐鼓之聲正可獨鳴其志河之側爰爰矣擊鼓之餘或得同心之調更可共寫其懷且亦思未入河之先鼓以君鼗不既有鼗以佐之耶昔也共掌樂於魯廷今也亦堪聯友聲於河內而何以不見也但聞漢水之間鞉之聲時作乃知播鼗之武入漢矣殆與入河者兩地而相應乎然而人之入河入漢亦於甫入時見之耶而其後孤蹤固莫攷也望龍門其杳杳誰尋還客之家安知不自河而漸入於北海乎瀾嚙家而萍萍莫辨驕人之宅安知不由漢而漸入於東海乎夫此亦皆不可知而遙傳海之濱有兩人在焉豈即此入河者耶即此繼入河而入漢者耶

乃詢其名。則一曰陽。一曰襄也。噫。此魯廷之少師也。魯廷之擊磬者也。而竟在此哉。處雲煙縹緲之間。將念河清而思漢廣。亦可遥對而結心知。托天地空濛之境。徒聽河上而望漢中。終覺相隔而增惆悵。且夫陽襄何至是而始入乎。想其見師摯諸人之去國。猶謂未遠宗邦。歸心可轉。迨有別。陽襄而入河者。而心為之動矣。且相繼而別之。入漢者。而心益以決矣。即若輩皆一入而不還。吾獨奚為。嗟乎。以入倡。舊方叔也。而陽襄遂以入終矣。

（撓上自分賓主）

題既截去上句。若不就河漢海等字作搭題製。則與三節題何所別。文之穿插。縈拂妙極。自然並廻。幹上四段。無不傳會有情

搭題中砥　章　六六　下論

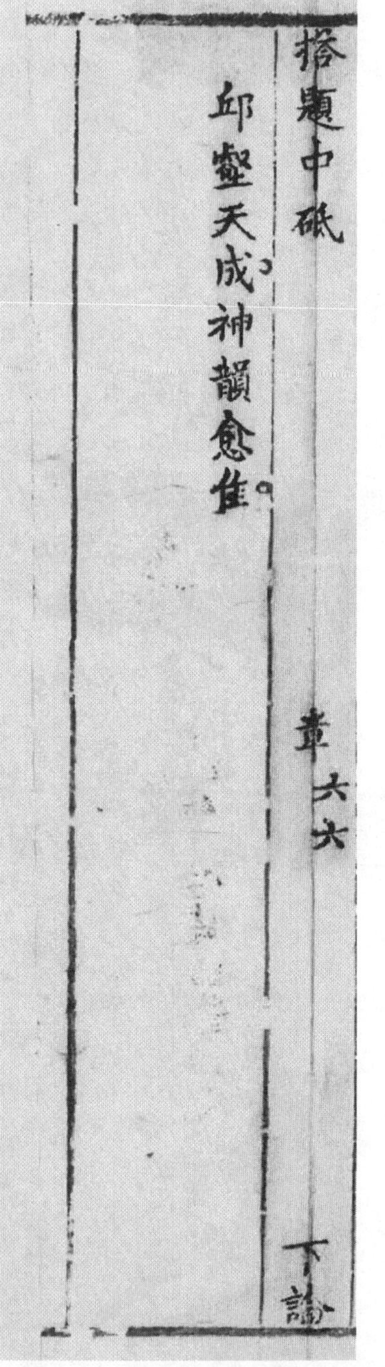

搭題中砥　章六六　下論

邱壑天成。神韻愈佳。

入於河播　於海　　陳　瑄

魯有入河之伶與入漢與海者有同感也夫叔何取乎河而僅入焉以為入漢與海之倡也若曰師摯諸人往矣其昌不問諸水濱乎嘗聞聖人在上河清之瑞與海同符而功德所貽往往譜為樂章播諸律呂以傳一代之盛猗與美哉迨江河日下而朝無大雅之音矇有不返之計其臨流而一往者何聿然而不可挽也如太師以下諸人其有所遁者此〻矣而以司鼓稱者非方叔乎夫鼓無當于五聲五聲非鼓不和則鼓于樂無專奏而方叔于鼓有專官也叔也鑿太師以下之去而環顧堂上其所謂戛擊搏拊者若而人環顧堂下其

（雅與俗韵）

（舉起下兩節翻出一兩心靈注之）

所謂鼖鼓柷敔者若而人相與鞶言太常毋廢萬舞羽淵之奏不
將若美于閟宮泮水之間乎而若之何其入于河也毋念河陽一
符而下堂者不可為則履其地而傷之者在此入一得毋思臨河一
而不濟者無可期則至其邑而壽之者在此入一然而河居西北在昔
句○四○顧○上○齊○燕○秦○趙○帶○下○文○景○海○請○句○才○心○俱○遠
從河說入　裁○有上
鄭交非若東海可表得以奮鷹揚之烈非若漢陽可盡足以追熊繹
之風非若文翰在都無改鼖將之故非若岐周未遠能念播鼗之傷
叔也何不適于彼而必入于此也乎蓋以鼛音鼓辟楚撫夫鼠蔡小
國也秦伯餘也不可以久圖久遠者莫如河內于是援枹執鼓乃與
○一○深○哄○入○與○会○浙○滴
末又諸君子別也意必有牲鼗而起拂磬而前隨少師也後而相與

入於河播　於海（論語）　陳瑄

撾之者曰叔于河伶無擊鼓非無擊鼓不如叔也則入猶可止而遠者亦庶幾可還而易為武與陽襄相顧嘻曰叔乎胥去吾亦從之逝矣因是入河未已從而入漢入漢未已從而入海夫海非可入之區（句有風致）而波濤之險近焉以視河王之逍遙相去已遠況陽與襄非入海之人而宮懸之寄重焉即處漢中之近地相望猶多而一旦少師往矣（淡然神動不惟顧盼之妙）磬師隨矣吾見其入而不見其返也因念誰為倡此入者非入河之叔乎誰為總此入者非入漢之武乎而伶倫之散逸自此遂無有存者嗚呼心乎正樂者孰如吾孔子也而河圖之不出且有浮海之思（餘音不絕）矣獨樂師也乎哉

以題之筋脈為文之波瀾。層層赴勢。步步鈎空。有有看成嶺直看成峯之奇。

入於海

康熙壬戌　許汝霖

有逸於諸侯之後者，地與人俱遠矣。（將夫子聞入得大王）夫海何地也，而可入乎？陽襄若曰：微魯之故，胡為乎海中？昔夫子嘗興浮海之歎，而卒未嘗為其事者，夫亦不忍世之淪胥以亡也。乃若伶官者流，濟世之念輕，而潔身之意重，遂有長往不返者，其地愈遠，其處亦愈深矣。太師以下，所適所入不一矣。雖陽與襄則何如？吾聞泰然之邦，韶樂存焉，（借邦泰然泰作鄒）瀟湘雲夢間，賦陽春者有人，詠白雪者有人，至擊筑叩缶而歌呼嗚嗚者，則文昭之遺俗、幽土之雄風也。陽也襄也，亦安往而不可遠乎？然異方之樂，祇令人悲，非二人之心也。若夫河流括括，（又借河漢作剛）漢水湯湯，似不唯湖澗

從之而河漢猶近在人世矣詩不云乎誰謂河廣一葦杭之漢之廣
○用○古○皆○合○翻○意○
矣不可泳思于是二人者望雲山而增慨傾溟渤而興懷相感也已
而相語曰魯樂終不可復矣我瞻四方靡所適從應幾問諸海濱乎
正寓○蹙○行○思○濟○發○
遂去不復見相傳以為入海云觀百川之朝宗其擊薄之聲相為上
下依然磬管之鏘鏘也而波臣相對祇益懷愴望洪流之浩蕩其嘈
嘈之響與為和鳴猶是鐘磬之煌煌也而海若情形難為告語維陽
○處○上○開○合○
與襄胡為乎來哉或曰陽與太師同職泱上東海其將乘流以訪樂
歟或曰襄以善琴見稱海水汩沒其將對之而移情歟是二說者余
從魯生情
未信也獨是魯之啟宇大東也至于海邦莫不率從今雖日失其守

入於海（下論） 許汝霖

而成郭人民未改于昔開從海中眺望則故國風華參差隱見如將
遇之使有能振起遺緒者猶得測海水以來王觀安瀾而知聖則身
雖遠颺其繫心宗國不忘歸來未可知也且東海北海素有隱君子
潛處其間賢豪隱匿不自輕見于世二人倘得而見之欲追于今徘
以裁批作結
徊海上吊望波濤表其志而惆其事猶令人徘徊不忍去既當日蕭
然去國于焉高蹈其情更當何如者乎
浮海意人或想到不過中間借作波致耳文用此于起手便是淵
源異宿通首來綫徽藝愁就海上生情烟水迷離爲舟出沒人耶
仙耶吾不得而測之矣吾
夫子學有根柢故能化雨三異孤寒

感遊○感亦幸蒙賞識○秋闈再北○重貲涵濡○讀此泚然汗下○弟奕鳳百拜識

入校海　許

入於海周公謂魯公曰

一等一名　陳崑玉　俊若

伶逸而海祖訓可思焉夫海何地而陽襄入之乎君子曰魯非昔日之魯矣祖訓具在胡不思諸昔東壯海有二老在焉曰以待周之興也夫周方隆盛有自海者登之朝而魯至陵夷反有自朝者去諸海此後人俯仰今昔睠姬公之不作為之追思訓語不忘焉河與漢叔武入之而陽襄頗何如豈無有謂陽者曰魯之庭幾無伶人之迹周公其衰矣子曷不在水一方乎豈無有謂襄者曰伶之去既皆接踵而行魯其不國矣子曷不溯洄從之乎是則河漢間或陽襄所偕而入者乎而不必然也當其時蓋相傳為入於海

天然關合

借吊下字不另生話頭

與安課業　下論　御止亭

云聞之海者晦也取其荒遠冥昧之義向若者神驚望洋者色沮嚼甘攜手以行也陽乎襄乎胡超然而長往乎爾乃乘槎而遊爾乃鼓棹而歌淂毋有波流相上下而深故國之悲乎自有此入吾（頓盻生情）（烟雲繚繞上下）為魯增忉怛耳且夫魯周裔也周自受命以來相之者周公佐之（一片）者尚父四海底定入廟告功工歌樂奏以揚休明于闕庭垂訓典于來世詎不盛哉數傳而後典章寖失律呂空懸微特揚水黍離王風一變即我魯之廷猶有謝伶倫而遠逝竄島嶼以流連者其盛衰隆替之故可勝浩歎哉戊泰山巖巖魯邦所瞻海水湯湯伶（神與古會）人所逸君子觀末流之失愈慨想當年開國時世溯自禽父就封

元公策命其訓詞不貽在耳目前乎昔周公煞海內所仰屬久矣其問頌也制禮作樂王寶賴之是以礪山帶河列侯皆分國以往而公獨留王曰叔父建爾元子俾侯于魯大啟爾宇為周室輔煌煌乎王命哉頌公獨無一二寶訓以貽我後人耶公之有以謂之也固宜然吾聞季札之觀樂也表東海者美為泱泱大國風魯控海邦胡獨無風意者褒周公之後比於先代故不列太師之職而獨以其詩登之於頌以為廟樂歟遐想其時考鐘鼓者自特一鄙采芹藻芑來泮水舞洋洋兮鬱嵫嵫荒大東兮至海邦諸伶人方各執其器以登閟宮而報元公創制顯庸諸鉅典入海之嘆胡為

（直寫經句如出己手上添于古者不能）

（華歌異舞大海運也）

興安說業　下論　仰止亭

乎采哉之乎魯盛則文子叮嚀傳為盛事魯衰則天家典則竟等

升髦宜我夫子傷周公之不夢感魯事之日非亦欲乘桴而浮諸

桃花流水杳然去

海云

古文妙境未許時手問津原評

於絕無粘連處波湧瀾翻說得渾成一片煙水滄茫風雨迷離

令人神想於與酣落筆時尤天與

入於海　陳

入於海周公

史大宗師科考取進長樂縣學第　名　陳應騶　季勤

古國有終有其人而開國之君可溯焉夫海較河漢為尤遠也而陽與襄竟入焉何不重念周公開國之初乎且以渠桴不浮滄之漢知我夫子之道不行久矣夫不復有周公之夢矣不謂魯伶散決已先有潛踪於海者一時相率而行若芍抱憤時之志夫豈真世變之不可為乎而何不溯造邦伊始一追思元聖於當年也如陽為少師而冠以所居之官襄至擊磬而繫以所守之器夫非猶是周公當日分職設官之遺意乎夫非猶是周公當日作樂制器之遺法乎於斯時也陽居此官其亦何容棄官而去耶襄守此器

試草

試草

其亦何容拖留而弃鄉而孰知陽襄固有不然者蓋入於海云爾睠逢迎之地此中為人跡所罕經陽與襄曷弗惡此而逃焉然而有出於萬不得已者矣則對波濤以寄意初何嘗向若而驚不作待清之舉魚龍吽嘯之鄉此際非風聲所能及陽與襄胡以同公而徙乎然而有殉於蕪丁如何者矣則結志乎以偕行果誰是自崖而逐莫邀有伴之遊維時觀海山之蒼蒼望海水之茫茫陽領襄曰周公之道其衰矣子胡弗去襄顧陽曰周公之道其衰矣吾與子行回首故鄉目不忍覩彼若齊若楚若蔡若秦之適皆鄰封也若河若漢入猶中土也意惟是逍遙海外終吾生以徜徉乎

噫之二人者獨非志在周公耶胡一旦淪至是也假令周公而在陽也襄也安在不道揚盛美鼓吹休明被諸管絃之內而為周公譜一代之元音也哉而無如陽與襄不生於周公之世也雖然陽與襄不生於周公之世而周公之為周公未嘗不可想見也三十畫同姓之封而周公獨為之長誦詩而懷赤舄之元臣殆其熟獻所著必有以生海宇之光者夫而後位望特隆乃不愧分封之始入人皆同母之弟而周公獨謚為文讀書而企逑衛之素周知其遺訓所傳必有以換海邦之色者夫而後經營方始乃無慚開國之烈然則聖如周公宜其子孫長享茲土世無失職也何以延

試草

莫憂世。而樂夫汝佐令入海之陽襄飄然長逝與大師諸人同抱

去國之悲耶此無他魯之諸臣未能守周公所以訓魯公

已。

原評

句淨

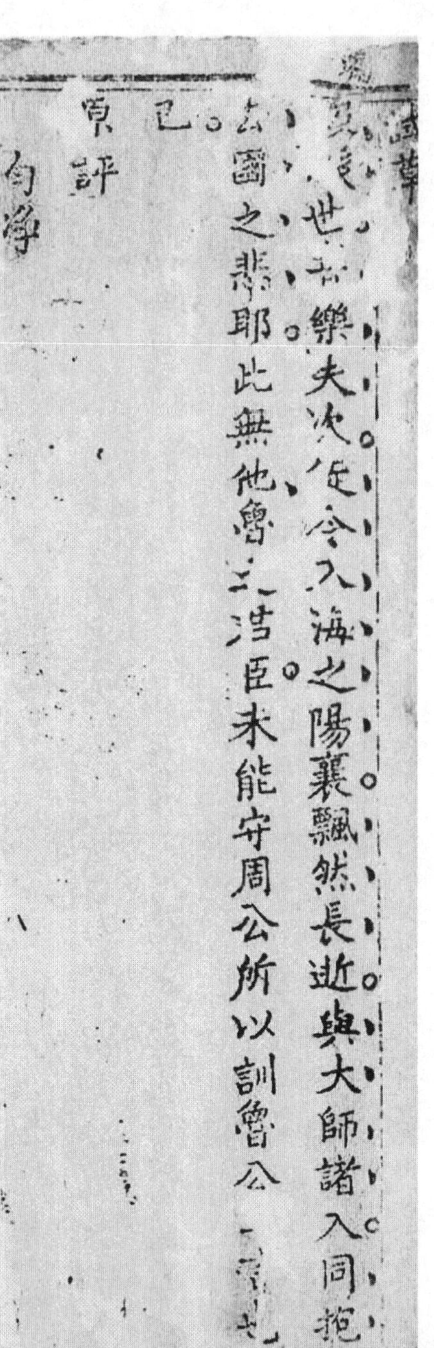

入於海　陸錫熊

後逡乃海所入為愈遠矣夫海之為地非若河漢之繇中土也陽襄相率以去殆有入焉惟恐不遠者耶嘗觀韓師所掌島夷之樂可入而奏天子之門矣夫豈航海而求哉亦以觀其盛耳乃宗邦有正樂之人而谿倚衣散去甚至抵足無乃而杳冥之鄉于焉儕往其地愈遠其人愈可悲也當日者樂工逸而魯庭惟有陽襄矣吾思繚佐自可譜宮清磬儀堪憂擊二人倘有同心何難考六代之宮懸共相整飭使大師輩把袂而賦歸來不謂其亦相顧而起也下[illegible]有[illegible]東海而去耳焉能處魯朝廷竊升斗祿哉夫

七　論語

齊楚、亦秦、、域，猶可停驂至於海，而安宅應難卜矣。何以宗工既　地愈遠人愈悲
遯，頓作絶人逃世之思，河州漢渚之間，尚堪洄溯，至於海而蹤跡
不可尋矣。何以王孫依然，竟爲匿影銷聲之計。陽若曰：馮夷之所
宮，蛟龍之所宅，是可決避地謀也。惠而好我，攜手同行矣。襄若曰：
日月所出沒，百川所朝宗，未始非壯遊地也，能如是乎，與子偕隱
矣。弟見其寄情浩淼，飄爾長征，憑弔蒼茫，相爲倡和，從子於海兮，
將終吾生以淌徉。雖然，海之人也，彼豈無意而然者哉？海水其不
揚兮，當年九奏，不成[illegible]無　[illegible]景運者乎？乃借也，指海波
以[illegible][illegible]今也，依海國以藏身，波濤研洋之區，當亦故國伶工所爲

望海夫而肆志者也。海邦其滓瞻矣。想當年淮徐甫定。豈無作頌而詔管仲者乎。乃昔也以海而見雄圖。今也以海而抒幽憤。雲樹淒迷之外。當亦宗邦蓊翳所慕。對海若而含愁者也。然則海之地。豈猶是所適所入之地乎。見聞俱絕。海角遠在天涯。而緬二老之高風。對此不勝遙集。然而入海之心。豈非復大師以下之心乎。長與世辭。而人遂成同調。而寄孤蹤於海上。此中孰是知音。迄今而潛海之墟。而訪其蹤躅。猶有昔時偕入者乎。為我謝曰。誰能正響。音胡然而亦作桑梓想也。

沃日蕩雲。具有鯨[illegible]駭浪之勢。徐香沙

七三

入於

辭情激越。悲壯淋漓。直堪一字一繼。 張樹本

典染海宇。純以議論出之。亦奇麗。亦雅切。數苞紅艷。太中出一片異香天上來。斯文有焉。 張慎餘

江蘇夢學院歲入
上海縣學一名　陸錫熊

入於海

伶逸而海所入爲愈遠矣夫海之爲地非若河漢之猶中土也

襄相率以去殆入焉惟恐不遠者耶嘗覩蘇師所掌鳥之可

入而奏天子之門矣蹊徑別所毋而求哉聊其或耳乃宗邦有

正樂人而諸伶各思散去甚至托足無方而杳冥之鄉于焉似

初其入地愈遠其人愈下悲之音目者樂工逸而魯庭惟有陽襄矣

吾思僚伍目可攝官清磬儘堪憂擊二人尚有同心何難考之代

登飾使大師快而賦歸來不謂其亦相頡而起

亦蹈東海而去耳焉能處魯朝廷竊升斗祿哉一夫齊人

百廿九

論語

楚於 其乎騷至於海而安宅應維丨矣何以宗工師述
意色人沈不數儷何洲漢津之間尚堪洄溯至於海而蹤跡不可
尋矣何以王振依然竟為匿影銷聲之計陽若曰馮夷之所從蛟
龍之所託身可決異地謀也惠而好我攜手同行矣襄若曰了！
婢是兩人同去
所出之百川所朝宗未始非江漢地也能知是乎與子偕隱矣第
見其寄情浩淼飄爾長征非巾蒼茫相為伊邇從子於海兮將終
吾生以徜徉雖然海之入也彼豈無意而然者哉海水其不揚矣
切定魯樂工入海波瀾壯闊
想當年先民初作豈無覡此而知景運者乎乃昔也指海波以明
瑞今也依海島以藏身洪濤澎湃之區當亦故國伶工所為望海

秦篇肆志者也海邦其率聽矣想當年淮徐甫定豈無作頌所
諸聲絃者乎乃晉也以海國見雄圖今也以海濱抒幽其雲樹
迷之外當亦宗邦籥翟所為對海而含愁者也然則每之吭豈
之子云遙吾芳如何
猶是所適所入之地乎見則與絶海角遠六二崖而緬二老之高
風對不勝遥集然而入海之心豈非復太師以下之心乎長與
世讀殷人遂成同調而奇爪宗於海上此中孰是知音遂令弟滄
清波一持海
海之墟而訪其軌躅猶有昔時偕入者乎為我謝曰誰與正桌者
上風生
明然而亦作乘桴想也
文色　小雲慈沈關周

百卅

論語

論詩　百卌

嗇[illegible]酒[illegible]乃散繁會中。時有古音流露此退之所以驅濤

湧雲再之思花鬧果實也　程藻倫

根據正樂廻殯大師諸伶。文瀾壯闊中。正復深情無限　蜀英一

入於漢少師陽

誌入漢之伶少師當有同心矣夫漢豈可入哉然而武竟入矣門其若之何嘗思漢人（際貼漢起）膠舟昭王南征而不復久矣知漢濱人之不可與居也乃有伶工者流（扣下句）痛宮懸之目非覓望漢水而至止焉雖魯廷之上更自有人而官司如故猶未卜同心誰侶也一如太師摯去國（吊下一筆）後尚有播鼗武其人者吾意武于此必修其殘闕輯其散失與未去之少師同優游于故土則六代之音容（入帶下妙）庶不至淪落殆盡也一居無何而武亦翻然有去志爰援鼗而起向少師（亮雋）而言曰時勢不可為矣摯等皆去余能鬱鬱久居此乎行與少師別徘徊不忍

去会事一一奇少師扁舟一葉不知所之久之人從漢中來述漢
中有人異甚時而鼗聲激烈與漢濤相上下時而鼗聲悲怨與漢（十分思焦異）
流相濟湲時而鼗聲悠緩與漢水相流連乃知武固入于漢也意
嘻漢何地也而武求前也彼逸士兮竟在水一方矣斯時也徊思
魯廷之闇宮懸無恙而曹部半虛問執籥而秉翟者誰乎曰有少
師在焉念清廟之中饌列依然而伶倫非故問設業而設簴者誰
乎曰有少師在焉少師者何蓋其職也而其名則陽也或者陽于斯
時一唱三嘆四顧寂寥徊想（徊顧）入漢之流滯毋歔欷遠不懷歟都而
不悉忘耶抑南望江漢渺渺予懷有倡予和汝之思因繼武而抱

器以徃耶而陽則否〻當武入漢時招陽欲與俱去陽亦有隱志久矣所未忍遽決者志不在漢獨行誰侶卬須我友耳爲我謝漢中人曰大海茫〻兮願偕師襄矣幸謝故人兮吾亦從此逝矣

上句截上下句截下兩不相涉文獨法自機生興與古會他人即有其糟粕未必得其神味

入於漢

小題從新錄
下論

入于漢

江蘇夢宗師歲入金山縣學五名　沈　桂

繼〻河者而有所逝弗慮漢之廣矣夫漢固與河同為避世之區也播鼗者而入焉其亦獨行弗顧矣乎嘗讀詩曰誰謂河廣固明示以一葦之可杭也至曰漢之廣矣真若不欲泳思已乃吾魯諸伶其有所遷而因有所入者一為龍門之耀似不妨並與嶓冢之思而問諸漢濱尤覺孤踪之獨絕已如所謂播鼗武非耶夫鼗以佐鼓者也粵稽當日方叔主之武也貳之魯庭之上淵〻乎鼗鼓之聲相應介郎匿跡潛踪叔既在河之干武何妨在河之滸武與叔不相得益彰乎而抑知否〻蓋又入于漢云〻吾聞漢之旁多異

引〻詩者河陪〻漢淨

逕便別

鮮妍停目

為入漢鄭咉作勢文情婉〻動人

人加所云抱甕而灌致誚于機事機心者是也又若滄浪寄慨洗

汝漢多異人落想無中生有奇波涌出

濯與歌彼其人類皆身抱濟世之才運際厄窮之會不能鳴其豫

烘染生色

于國家因以悽愴江潭行吟澤畔自托于獨清獨醒之天與世相

絕而莫肯顧武也而入焉得毋近是耶獨是浮浮江漢壤接淮夷

此與上段作向背往来之勢借上鼓字生情見非有心于此

武也于此既非有鼓鼓之作聞雅奏于簫韶又非有鼓將之賜頒

喜樂于天子要亦窮其技于無所試徒感悼于遷播之無常云爾

豈識有所挾以托處于茲者哉然而人各有志不可強也彼不為

此段才是正面

遼而為入者既更深憤時嫉俗之情則不于河而于漢者亦自多

説漢上繪染烟雲萬狀

絕伴離群之想而于是武也往来沔湘之間徘徊三澨之上大別

小別忘其遨遊為瀦為沱供其憑眺瀕齊泰之雄壤挈缺巳逕即

水壺四映色之助奇

撫芝蔡之近都干繚莫覩斯真與方叔之入河同一孑然長往與

應前作收前後相映成趣

世終辭者耶孰知夫若陽若襄又將結伴以偕行也

絃外餘音

蕭疎淡遠非復人間烟火　原評

題中題外層層布景步步生情與折幽異脫盡尋常阡陌却入四面生動不嫌枯寂應從熏習卷軸得來非可襲取

入于漢　沈

入於漢

元和縣李中尊科試五覆第二名　金和源

誰謂漢廣縱河而適焉矣夫漢與河類也而武也適焉則留連豈復有司鼗者乎且自漢陽諸姬日就侵削我〻乎有不可居之勢（緊擒）矣不謂長辭東土轉懷嶓冢以潛踪遥望南天無異孟津之高蹈（圓轉流）孤情其律而深蓋不獨地而洋〻爰得我所也武之播鼗也與方叔同其官使其闇指內並必傷或干播鼗之餘兼司奏鼓可也何至相顧以懟哉然而武又有所入矣倘其望臨淄雲夢之遺踪相（暗頂適齊適楚）繼而與為稅駕地不必訂同心于伊闕猶得托異國以棲遲抑或思巫山高唐之餘躅相率而共為停驅則不必賡同調于龍門豈（奏）

施勉入漢意妙能畫清照界軒然起波

別寄孤阿于寂漢乃武則竟入于漢云云將謂伯主有為池之勝遂欲慕漢也而長往恐驚湍衝突空傷汨沒于波臣胡為乎據其上

慷慨悲

將徒歎公庭之閒寂也第念歌羅家廟奸雄之借亂難回轉下若

歌声情激越

控瀟湘而吞巴蜀猶得挽中洲清淑之氣以一洒波靡浮浮者庶不至入焉將淹耳不然故國可安矣武獨何心必投足于三澨夫別之區而奮然不顧將謂王臣有國紀之詠遂欲指銀漢以徜徉恐激宮成奇紙可與波相上下胡為乎宛在水中致傷君側之蕭條迄第思彝倫私廢叔季之遷流已甚轉不若淵荆揚而跨梁益

英姿

猶得藉南天雄秀之勝以稍滌塵氛穢穢者蓋惟恐入焉不家也

不然舊君可念矣武獨何心必寄情于滄浪清濁之流而飄爾長往漢南化行于游女武豈懷美人而不見因入而與思夫游泳乎（藻思泉湧）然而居漢廣以俟河清不若遠東山而安故業也滔滔者其真夫下無邦哉何以無心于泰岱者且若得志于漢東也而視江漢以（食古而化）（[illegible]以袖[illegible]無）溯出車之盛行將容與以逍遙漢水變起于膠舟武豈悲南征之不復因入而問罪於水濱乎然而遠漢陽而賦河水不若安鬼嘽而索知音也汨汨者其真為將不及乎何以遠違桑梓之邦者真欲竊身天漢之表也則當齊漢而思沈王之災安能忍而與終古噫自有將入接踵於方叔者不曾招隱夫陽襄矣

雅善傳會。使覺微言典。切款吐成珠。至其音節悲涼。則又如霜
天曉角。觸耳悽其。陸男使
初漢發議。音節妻涼。情生文耶。文生情耶。離騷不能獨擅其衷
怨矣。謝廷簡
思路開拓。筆情激宕。是謂異水而湧泉。宋銀兆

八家皆私百畝同養公田　採真集　戴　恆

授田以裕民而民力可用矣夫私田百畝八家所同受也而公田之養即於是乎賴民力不大可用哉且自井地廢而天下多富民多貧民亦多游民何則地不均則富得并貧力不通則貧役於富而其間失業散處者遂不得出其力爲公家用而藉以自給於是乎游民多而國家亦無以享其利矣其弊何在在無公田然使有公田而不使養公田者各得其所養則民必不肯自置所養以養公之田其弊何在在無私田先王於是有八家授田之制顧公田百畝矣以八養一家養一十二畝有奇制過什一毋乃桀道且出邑於田廬舍之設又去其一計民之所得

自此者名為百畝而實不及先王曰與其損下也不如損上損
公一餘以補私田之不足廬舍之設設諸公田私田百畝勿少
有局嗚呼先王之利民何若斯之厚歟吾則謂先王之自利尤
厚何言之井地之壞壞於自利而不欲利民者耳彼謂公私之
名一立則吾之所取必不能逾公而獵私斯所取必不能厚舉
天下之公田而私之舍其什一之稅實舉天下之私田而公之
以足其取盈之數頭會箕斂按畝濫取車馬供億計畝橫徵而
民之敢怒不敢言者一言及公而變色一聞及公而私逃否則
前後互訾彼此相卸民困矣而國亦不能獲一日之安也夫亦
何利之有先王之於民則不然救其飢寒乃用其手足聯其氣
誼乃動其尊親而民之熙熙皞皞荷鋤負耜者不曰耕耘而曰

培護也養公田而已不曰分耕而曰合作也同養公田而已豪强不敢兼并安得有富民貪暴不得多取安得有貧民家樂其業國賴其用安得有游民由是先公後私而民之知禮義別尊卑都吾且與之游大同之世也

又其次也

翁廷資

非次而猶名次見學之重也夫既有名為次者乃又有可以次名者哉蓋亦予其能不安于困焉耳今夫參差之數造物所不能泯而其間有出于一定者有非出于一定者有定者純乎天而人不得而參之故上不得又有上無定者任乎人而天不得而拘之故次不以一次名則有如困而學之是已之人也本其初而言非惟適絕乎上亦且迥絕乎次迥絕乎次者誠何等也吾知旁觀意中已早有一位置斯人之處矣然之人也要其後而觀縱不與上爭生亦已與次爭學與次爭學者非無知也吾知目前所至已早出

（起。見得非下。）
乎尋常忖度之外矣則不仍名之為次不得也蓋又其次也次以
（此此着重又字。）（展開）（言）
別乎上而今之次則別乎次夫豈過抑之艱苦極而清明生即上
（有別却用無別作翻）
哲不能相徼覘其次也而何別也顧真以為無別而直以次目之
（縮閑學）
誰復為遡其由來也而從前艱苦之功不轉沒乎故無可別而仍
（此此着重次字）（雖次亦又）
別之亦以遡所由來云爾次固別乎上而今之次則仍無別乎次
（言無別却用有別作翻）
夫豈敵進之要歸一而氣稟殊即學知不能遽合況此次也而無
別也顧真以為有別而不以次目之誰復能識其可貴也而今此
（補虛字）（雖又亦次）
同歸之樂不滋晦乎故雖別而仍不甚別之亦以識其可貴云爾
（對上說）
是則亦此次而困者幸矣何也人必有置身之等其不能虛而無

考卷文𢖍　論語

（著又字是添一途）

亦明矣而有生以來何意又有此一途以待困者之翻然鼓舞于其中而不自棄也擬乎上即讓未遑擬乎次已足相亞亞乎次將

（所謂受其志之一也）（然下說）

不讓乎上也幸乎不幸乃自有此次而困者危矣何也人必有所

（著又字使無他）

據之分其不得漫然而寄明矣而有生以後亦豈又別有他途可

（途遥下更緊）

聽困者之寬然游逸于其中而不足慮也次之外固尚有次又次之外更別無次次乎又次即不復次乎上也

（所謂不上即下）

危乎不危則人亦學之而已矣夫使困者而皆學焉即謂天下竟無下者可而如其不學何哉

切定本題無一處似次也句話頭中將又次二字迴環互說歸

又其次

考卷文行　論語

重困學最爲得旨。其字是指生知。認題旣的。故妙義即從上

下文揉討而得。何假外求。曹韜珊

又從而振德之

萃華集　萬秉鑑

教有持於無已者難寬於自得後也夫振德者所以維教之終也堯不於自得後為契詔之何以見立教之周哉想其命契若曰人臣之敷教也要必識教思無窮之心斯奮發之精神庶有以流通於閭閻蓋顓愚之情易積持於暫未必貞於常而君相之責難寬圖其終即以善其始勸勉在一人培植在萬姓其厚意之有加無已者顯以維不敝之風俗即隱以奠攸敘之彝倫也教而至於自得斯時之徧為爾德者幾可相喻於無言矣而又何道之從哉非必受教者歷時而忘也愛敬具於生初知能擴於日用原有強固之神明特以百姓即樂於持循恐流於逸

司徒苟加之諷諭，豈憚其勞，則此際之圖維難緩也。非必主教者相求未已也，時雍既昭，式化風動，自克揚休，何慚敦龐之氣象，特以更新之機在一日，不慮其寬，由舊之政在百年，豈虞其迫，則爾時之策勵宜勤也，所謂振德也。自得之後，又安可不加之意哉。善治必期久遠，雖啟迪有微權，寤寐已深其固結，而休游之久，漸入因循，因循之深，竟成委靡，則遷流靡定，何以挽其習於怠荒。教術不厭精詳，矧化裁有妙道，觀感不禁其奮興，而激厲之餘，遂徵鼓舞，鼓舞之下，愈切持循，則督責所加，莫不須其恩於明聖，德音之感孚，未可量矣。振之者有以發其內念之純焉。夫耆老有徵責，益切薰陶之念，師儒有明訓，彌堅嚮往之心，而況汝以官師荷振興之任乎。忠孝自在人心，疏佗有不備

又從而振德之　萬秉鑒

之史。綱常不若奇行。災義無可讀之書。汝惟以慈祥惻怛之心。時勤其啟迪。不憚反覆以求詳。則內念之克純者。愈有以適其性天。又何俟古訓之敷求也哉。德心之克廣。有由來矣。振之者有以防其外物之誘焉。夫嚋咨本嚚訟。詰教必本身修。泯棼因有苗。虐威莫禁。姦宄何若。汝以敬敷收振起之功乎。警未萌之惰慢。學校不留撻記之文。省未集之愆。尤朝廷不設覺流之律。汝惟以惻怛纏綿之意。密設其防閑。必求彌縫於無關。則外物之無誘者。更有以清其嗜慾。又何待法制之嚴肅也哉。教之不容已於終者又若是。汝往欽哉。堯之命契如此。吾識聖人之憂矣。

又稱貸

贊雋集　吳兆昌

民急於貸民愈困矣夫貸本非民之所願也乃因上之取盈而稱貸焉則民之困何自而解且有無相通者人情之所甚便也乃有時不覺其為便而反覺其不便者為其便於上之誅求而不便於下之取償也為其便於今之一攜而不便於後之酬給也以苛征厚斂之由為挹彼注茲之計則民之困可知矣終歲勤動不得養其父母吾意其時室類磬懸糧嗟瓶罄哀鴻之歎既莫達乎九重碩鼠之歌徒傷懷於萬姓斯即賦為之減斂為之輕民尚有束手無策操私券以入富家者況乎悍吏之追呼如故也朝廷之征額依然也凡彼小民勢不至稱貸不止且

夫稱貸難而貸之於凶年饑歲則更難鄰隣周急之情已無望於叔季況災荒屢告斷無不自顧其身家所以故友臨門難冀通財之誼賓交缺望空遺告匱之書誰則分牢菽之惠不惜指囷而贈也則貸之情甚俠士好施之舉或偶見於一端迨水旱頻仍亦未必肯捐其資斧所以窮民告竭未聞恤之以餘貲閭左食賓豈必資之以舉火誰則輸千金之產獨存濟眾之思也則貸之計窮而且前之所貸者尚未倍利以入償而復欲貸之於目前也則造其門而殊難啟口抑向之所貸者且慮責逋之辭至而復欲貸之於當日也則入其室而應嘆徒勞然而吾為民計則又有不得不貸之勢矣向猶可以自慰曰脂膏未竭不必乞助於他人而今則家徒壁立矣貸不便而不貸更不便吾

知茅檐蔀屋時聞歎息之聲昔猶可以自喜曰杼柚雖空不至正供之有缺而茲則納租無策矣貸亦難而不貸亦難吾知婦子家人安得寬闊之日自貸於人者而言方且利較錙銖動作子母之計彼方欲乘上之急以長我之蓄債也則鄉里告哀在彼必以為得計自貸人者而言莫不臨時籌畫不惜厚利之償正不啻竭己之財以肥人之囊橐也則豪家乞借在此更有所不堪噫念今日吏胥苛索尚可轉移乎民間倘他時富室取償安能乞假乎官符其益也亦民之所無可如何者也

聶夷中田家曲元次山舂陵行

又稱貸而益之　　俊雅集　邵玘

民有出於貸者，上實道之矣。夫民亦何樂乎稱貸也，然莫或益之，則亦計無所出矣。噫，甚矣！憊閻之以下奉上者，爲國之常經；而損上益下者，賢君之良法。若乃無以益下，而反責於下，曰莫益之也，則以無藝之求，而值無年之歲，兩相迫而計將安出？蓋無可如何之時，遂有不得不然之舉矣。貢法之不善，非僅不得養其父母已也。潔修瀡以奉高堂，誰敢或缺於供？然猶曰二人具諒我也。最可傷者，爨火久虛，而催科之檄又接踵於鳩形鵠面之家；爲春酒以介眉壽，豈竟廢而不舉？然猶曰食貧聊自安也。更可痛者，繇役不聞，而供億之煩又莫逭夫夏稅秋糧之額噫是可不思所以益之耶欲有以益之則新穀空而耕夫懸耒新絲奪而紅女下機涸轍誰甦難免枯魚之索設無以益之則上罔避酷吏之誅求下莫逃奸胥之擾害苛征無度誰堪猛虎之威於是民之出於稱貸也必矣操券而顧富人之旋足趑趄而口囁嚅真若有芒刺之負者民若曰苟貸之而不得又何術以應追呼也一旦而豪族之陳困克慰叩門之請則頭會箕斂之難堪若可偷安於旦夕民誠何心而不憚積逋之日重耶多藏而析秋毫之利權子母而操奇贏真若有加倍之息者民若曰苟益之而可緩又詎肯以肥奸橐也一旦而宮府之苛求偏責窶貧之子則巨室富家之漁利必致曲隨其術中民孰無知而不畏公私之交困耶謀之私室納之公家慨二舖三舖之不

究誰其條災祲之章而太息以入告捆載而來垂橐而返痛三
年九年之無備誰其繪流民之狀而痛哭以陳書以撫我之后
而轉為虐我苛斂屢肆於明廷將息日豐於豪右而有質有斗
悵仰瞻雲漢之天以樹德之君而易為樹怨括克之悉索愈殷
素封之居奇日甚而好雨好風竟誰是從星之月由是而老者
不但不得養矣貢法之不善一至此哉

三十三人　呂葆中 無党

計徇事之臣、在有司亦既患矣、夫計其臣而三十有三焉、有司之徇事者何多也、則有司之患也、而寧獨有司當如是、即想穆公之意曰、予旅邈焉而託於千百臣民之上、使其共襄乃力而令斁人覩之曰、（頌有司其民也）彼国有人寧非社稷之幸乎、而使食祿者多而臨事無一人焉、則寡（作兆多溯入有司妻嫓入情）人之心感矣、然必蘇帶者衆而臨事屢有人焉、則寡人之心滋感矣夫寡人寧獨有此二三臣、而何二三臣之報我者獨多也、一如鄒魯閧（使有民在姒于布嫂）而有司皆效命矣、寡人聞嘗命之曰、孰則為千夫長、孰則為百夫長藉令與戶告敗而亦帶之三百居然、其氣憊也、則有司之罪也、寡人

又嘗誓之曰十行一嬖大夫十旍一將軍藉令舟中可掬而孔子之
未有○數○日○先○
六千猶然不失一也則有司之過也乃何意紛紛擾擾之際先發而
形○究○着○之○多○皆○隊○與○而○
隆者有人超乘而獲者有人視之則皆有司也騎絓而止者有人伏
弢而殪者有人視之則皆非有司也迄乎兩軍既罷爰察夷傷乃有
三十三人焉者一且皆論國人使鶴而弥之赴難者亦既皆負於乘軒
妙○先○趣○民○忍○
出○落○風○神○古○遠○
且皆論曹伯攜民而叛之捐軀者亦既皆慚於荷祲寡人蓋未嘗不
○巧○核○立○此○
為之愴然感也雖然勝敗亦何常之有昔分涉南門絞獲採樵之三
十餘皇秩对剕禽長萬之三人特其人非有司耳使其人而非有司
对○使○文○工○緻○
也鄒雖褊小寧惜此數十人以餌敵乎漸齊師襲國想殖獲當三人

之良秦師遺禽孟明亦在三人之列特所亡必不止於有司耳使所

亡而不止於有司也邾雖隘陋常筭此數十人以借一乎而今竟何

如若使以人百其身計之（又借其得奇巧）則是既獲我組甲之三千而又亡我被練

之三百也於是而魯人曰可以反命矣而邾師亦曰可以遁矣抑以

三人共乘計之則是既喪我元戎之十乘而又俘我甲士之三人也於

是而魯人曰可以識武矣而邾人亦曰可以殿矣寡人於是重有（又用人）

感也下士而下其名曰人則是人者卑之也今也殺三十三有司直

（字發論入妙）殺三十三人焉耳夫我以有司尊之而魯直以人殺之竊恐我師之（激疑丁）

（句）必怨也抑夫夫而上亦得稱人則是人者尊之也今也亡三十三有

呂榜眼真稿

司已亾三十三人焉矣夫魯之所殺者有司而我之所亾者人吾見士卒之必死也孰知天下事竟有大謬不然者

偶與友人論先輩作枯窘題之妙因舉此題謂從來文字一時皆瞠眙閣筆得是搆乃驚歎踩目無論時賢不知先輩中誰堪敵手也

衆評

人但能混舉作一多字看耳此方的是三十三人數目奇巧不可階得此妙用世間豈有窮境然奇巧不難却須有其資料長袖善舞多錢善賈今欲以枵腹借吻仿之豈可得耶

三十三

三人行

余懋孳

示實益於儕行非取必多人也夫儕行則固有儕之之我在豈二人所遂忽哉夫子曰今好修者競言求益將求諸人耶求在我耶誠自得諸我而胡譏於在人耶夫專攻之未能則有群居而或失者出門以同人則有交臂而得之者故非必多賢之聚也適然而有徒然然而與儕何擇於三人也非必樂群之素也倏忽而相遭偶然而得三何問於同行也人與人則爲儔而儔備之以一我無心之遇已有相參之勢矣我對人斯爲比而更比之以一人欲往之利遂成與立之形矣當其斯交左而交右步焉與俱步趨焉與

起似兩句題　便把其一字也句　挑行字　挑三字

俱趨也當其時營前以顧後一若其援之一若其推之也將為朋侶而行將則一唱兩和是亦嘗以之命將為邂逅而各遂則嘗同儕異又是歧路之人將據之以為常則行止無定何殊逆旅之衆散將齊之以為寡則人三為衆何幸惠好而攜行孤踪而鮮儔處觸矣生二三為侶在索居則亦覺然之音矣朋聚而燕儕矣取諸比彼此作睇視群處反為無心之感矣夫取善惟恐不廣即由鄉國而天下尚為未足實善存乎自取則以片晌兼三益已覺有餘故曰必有我師謂之有餘師可也謂之自得師可也

睽下必有師定須抉擇其一我也意處其例不脫行字等畫無

多自覺三三兩兩瞻顧如生非前輩不具此神韵也何必瞻照定其一哉也句寫三字行字筆筆如畫下文必有師意已在含吐間却只是本題虛景妙絶末二比直逼下句轉用鄉國天下作一開拓意境頓瀏波瀾亦復生動之至 湯子明

刻劃至此工麗極矣看去似閒情布景不着意鈎取下文却處處藏一我字在内必有師意隱躍筆端而按之題位仍不差銖黍。股法短兵相接層次轉換後二比開闔動盪文勢尤不板。

明文小題秘鑰　論語

浣香齋

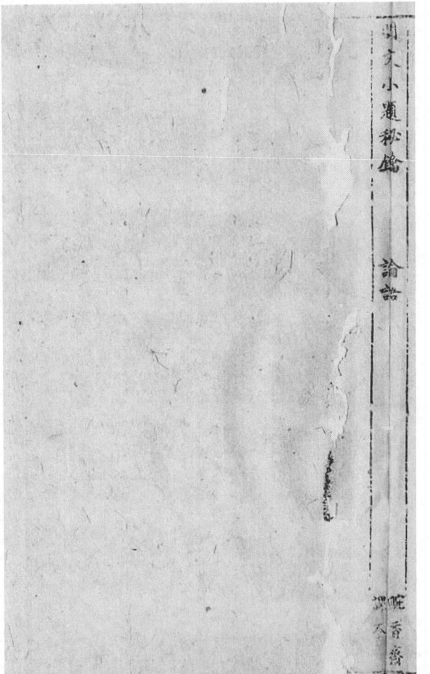

選本

三人行　孫一致

驗學教同人而即行以見端焉夫行何必三人而偶舉其三亦同人之象也豈遂無以集益哉且所貴學者惟其能樂群也然自樂群之

只要別洞三人極妙

訓趣徃徃以有心遇之於是所遇者遂難吾以為無難也固有出乎偶然未嘗計地　并未嘗計人而隨在相求曾落落而罕所與乎嘗

先出人字　字挑三行三字

聞之令人與居異所重者人耳大且夕觀摩之友原其始皆無端而

頗前後開論意集承

邂逅之則凡可以邂逅者人與人不必其相須也故親疎亦勿問也又聞之知人則哲是所難者人耳夫交游廣遠之流原其始悉數載

挽題下文必有三字點題脈

而耳目之則凡在所耳目者人與人不必其預計也故晉接亦無窮

之斯何矣修言人人三概之足矣亦何係遊言地乎以行盡之
詁點
故下所字提　人中有我在
矣天下之人豈無引為知己者而命之曰人則彼此相與人之路雖
予本臨字　幹光三人
而未合之會也夫兩人相對或往來也易親而以三人齊處其間來
傳出行字反始歸字　以反
免猜畏之懷耐況森然偕行者又非有萃聚之歡乎則俄頃所遺夫
吸為呼　昭著不著　中有
亦悉焉而已爾同力之誼豈無判為各途者而統之同三人則出入
善不善在
相與人之殊混而未辨之時也夫一人獨居或道義可自矢而以三
人雜投其介將戀菲薄之意生彼瀕然並行者豈真有親暱之素乎
則倉皇所接夫亦置焉而已爾固有遇一人而為幸亦遇一人而為
以宮始下不說點
不幸此之行也幸不幸未有分然乃吾見孫子自處者謂啟迪之方

貴在取人若以三人言借曰多人不可也然廣之為朋別之為類極朋與類之殊不過此三人之屬耳曾有外人以求人者哉固有遇好人而相信殆遇彼人而不相信此之行也信不信詎能料然乃吾見峻刻自喜者謂儕伍之衆等於無人若以三人論借曰得人未敝也然或聞而慕或覯而悅極慕與悅之事無非此三人行之遇耳曾有舍人以求人者哉然後知盡人可以為師也

上二語已齊下皆句絶簡定

愈說得人字微下師字便透愈說三人少下兩其字便透愈說得三人行是暫下擇字從字改字便透未有但安頓本命題好而下意自醒者只此法耳 呂晚村

虛科小題卓編　上論

劈頭一句與師意尚無關涉其法即將下擇師意先領在前題人字行字三字逐一翻駁而出令呪爲跳解本句不知其從振下文蘊雋之致別具神骨○讀呂評愈知反振騰擊法決無順取下句法

三人行　節

三人行必　一節　顧天埈

聖人論師無論學也夫三人行而師在焉將有善無不善矣真自得之學哉夫子意曰世之知學而不知師者其學也然知師而不知學者其師也滅夫自古至今胡為而有師哉亦本至善或敎于意勢必就至善者為之的所貴師也必無不善或雜于習勢必統無不善者為之準所貴師也蓋善不善之外無師矣領善不善何嘗乎離三人而已矣且擇善不善之外無師資矣領擇之何嘗乎離三人行而已有餘儔侶至寡也有志者敝忽乎哉言矣惟諸其天真耶其師偽耶其真其偽殺不自知而井然別者何故耶吾立照焉而立奮焉矣靈

嚴師臨之矣一德業至督也克念者敢辯乎哉神情微勝其收斂耶其恣肆耶其歛其肆彼縱深藏而隱然呈者何故耶吾潛覺焉而潛修焉奚啻明師詔之矣一故不必誦詩讀書索之千古而惟在索之寸衷

擇字從字改字爲師字看虛不是說必有也

善不善之皆前能擇乎不能擇乎不必畢躬北面而干于疏節而惟在天下寔有善不善之偶審能從乎能改乎如其不能擇也從且改也

素性推論言之

師雖聖賢我仍凡夫一如其能擇也從且改也師雖凡夫我則聖賢師

現身說法

之道盡矣學之道盡矣噫天下師一夫子夫子乃云無人非師此天下所以師夫子也

輕圓流動却無浮佻之氣習不善字一塵不詮而意境深遠如此

文周當題無艱賊矣　文千子

說道理呆說工夫能是與人說那時師底天抚天機醒道理是个活底不是死底工夫是个圓底不是執底此亦似禪家參悟但禪家是没把鼻底參悟聖人是有把鼻底參悟一味把天機說鶻了是先輩得手處

三人行　顧

明文得　論語

三子者出曾晳後

陝西王度 七名

有不與俱出者其去留可並誌也夫三子之出亦何足誌惟後三子者之有曾晳也故並誌之今夫人共侍一堂其來也既非離衆而獨立其往也亦宜逐隊而偕行乃右覘動履於諸賢業已欲留而不得而緬起居於狂士猶然欲去弗能是豈故為延佇之態乎蓋眛眛之懷思早緣遲遲之行迹而俱傳矣曾晳後三子言志而獨見與於夫子斯時也賞識者在函丈既已有懷而畢陳得意者在天機何妨離席而竟退點其可以出矣乎乃吾覺從旁觀之見夫點不遽出也有先點而出者烏蓋夫子之嘉嘆畢而三子已趨

（從容服豫自然鈞勒）

直省鄉墨淳風　二百〇八　陝西

而退矣且夫三子亦胡為而遽出哉論敬業樂群之雅一室談心幸得良朋之共處則相契者在心源相猜者不在形迹出焉不辭固宜不作此態也而何弗偕達士而俱往也論集思廣益之功同*嘗自憤累究然在目*堂晤對既聞師長之褒嘉則寫懷已讓後來之居上舉足何怍位人之我先臆乎其後夫或別有心期也而何乃先達士而同行也*煊染*或者曰待坐於先生問則對否則循墻而走又曰侍坐於君子見君子之欠伸視日早暮則退若是則三子者之出固有不得不出者禮也宜也亦何足異而吾獨異夫為曾晳者何不與三子偕出也將謂撰異三子而舉止動履悉宜立異鳴高也此見亦拘而夫

化夫春風沂水隨氣機之鼓動以與為周旋是何如之浩蕩乎而（物○襟○暢蕩）傾听小鳥栽先後之行止以貽奇異豈目前無滯之天懷哉則此際之却顧不前者哉若不知夫三子之旅退而為此遲留耳將謂三子同出而已之作止不當更與從同也此念又執而鮮通夫童冠偕遊借儔侶之贈荅以相為樂豫是何如之曠達乎而乃沾沾鳥泥前後之去留以別雷同豈當躬超然之雅度哉則此時之聽望彿去者又若故俟夫三子之偕行而為此躑躅耳其後也非假片刻之從容復陳懷抱也蓋目中觀三子之出而意中不能忘三子之言矣

直省鄉墨渟風

華致洒落氣静神恬 羽門

二百〇九

王 三子者

三子者出　何如　　六名　王雲程

狂士特後於出証諸賢以自考也、蓋三子之得失未明、將疑見與者迥不相合矣出者出而後者後、點之問亦安可少哉、魯論記諸賢言志而惟點加詳固以點後三子言而所言特異也。乃當夫言畢就退之頃而偕覌焉、。終見春容作聽諸詢特餘深意謂仍以是示人迥而我暇乎而考鏡之學問要即於斯見焉蓋曰言志之獨有所與也點之言何若子知之點之言視三子者之言何如子（微逗下句絕不沾滯）未嘗明示之也夫誰出一語以相質者哉二三子一堂之英也其有點而三子皆掩乃句于進若幾若見淺見深總此判不相及之端而賞心既有特屬無煩覩望而遥至而心契合之雅疑乎與點（合騁題○省○止○太古）而三子皆絀惟意獨深者仰覩觀八觀我均在含而未申之際而隱念尚待徵泰夫敵疑以相撑第見三子出矣不必得意于賠對偏自忘言于周旋離函丈而就燕間衹卒其旅進旅退之素于是曾皙後爲前此之絃絃可風今茲之暇豫不改計几席而深考驗仍循乎大叩小叩之常蓋至是而點乃得以借鑒矣夫三子若既出而其言不猶在耳哉隱居而抱行義之懷則將疑三子之言（求志○達○道○体○用○一○樂）託于虛頤空言與寬閒豈其緒不相符而處士虛聲必難有遠模（借○証○己○以○公出○所○以○符○问○之○意）之宏乎惟點本高曠之胸而遠取寔功以相証則兵農禮樂庶即

三子者出　何如　王雲程

有與詩書誦讀相徵驗者以一出一後之頃固將深究焉以徵其用閒戶而切剔見之于又將疑三子之言近于拘顧道德與勳名豈竟兩不相入而華滑之尚風不必亦大行之期乎惟點取分出之材而總以歷裏為羣寔則課功考績更應有與治情遺性相閒合者而或出或後也以不能徵即之以觀其通點所以備殿下三子既出之後者如此乃知三子之出三子不自疑三子亦不疑夫點也觀箴喜與者之有在固不必急急焉自較所長後出一問點非徒詢三子點不齊亦詢去點也借彼不與者以互參夫豈亦亦爲予人所短哉而三子正未肯忽視也

恩科直省鄉墨　山西　二百十三

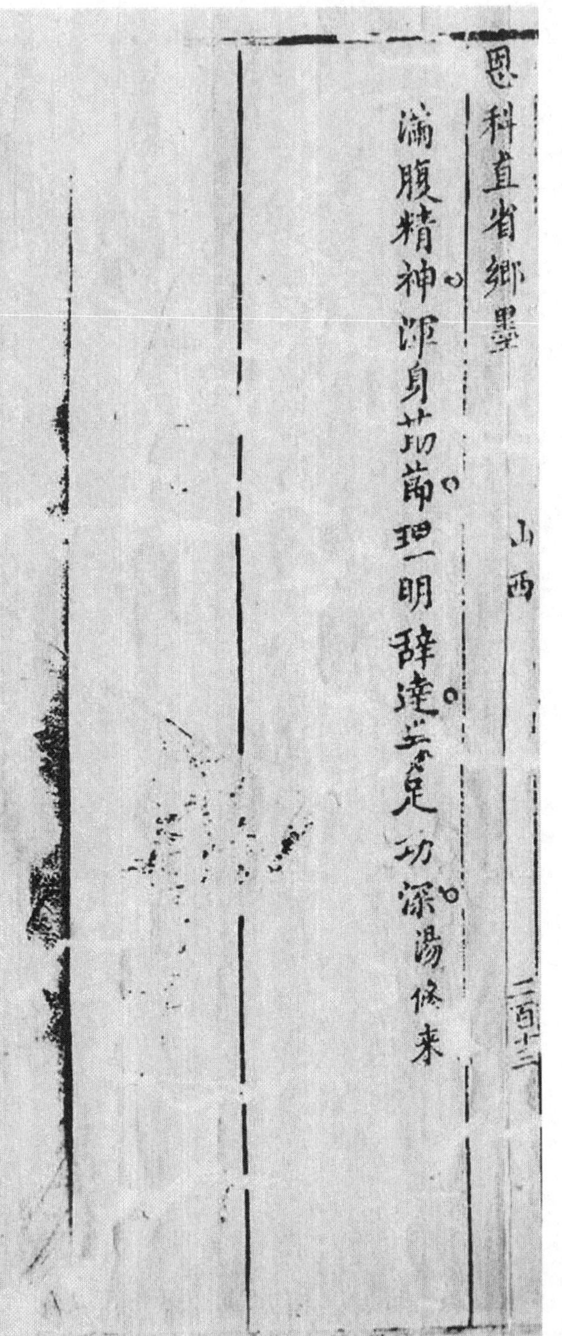

恩科直省鄉墨　山西

滿腹精神。渾身筋節。理一明。辟達足。功深湯條來

三子者出曾晳後曾晳曰

朱桓

不與諸賢俱出者以猶有後言也夫三子而出則曾晳宜與之偕出矣後何為者乃猶然侍夫子也非以其有不能默〻者乎昔聖門一堂言志亦既歷〻各有所表暴矣詎後有含意未申之故致徘徊函丈也哉乃若釋然而去者固相忘於無言而漠然而歸者尚有懷之欲吐因以知此際之徘徊非無故也

以承為伏天然無痕

子之所與既不在三子而在後三子而言志之曾晳矣斯時三子苟爽然若失皇然自疑或不無後言以質諸夫子而為曾晳者夫亦可暢然意滿矣

是此踟躕有斷制妙手

吾意偕三子而相顧以起者必曾晳也否或別三子而首出者在

（拈出）曾皙也乃當日何如者誠使情饒長者而眷眷不忍離正可假片刻盤桓以為更端質証在三子應有同情也而何獨有於曾皙苟其念切同人而依依不能舍亦可乘一特把晤聯復暢厥胸襟在曾皙倘有意乎而何況若彼三子然而有出者矣有先曾皙而出（妙出手步步得神）者矣出不一人而已三子矣彼三子者豈未嘗訂曾皙而期與俱（天然湊接）出耶而曾皙否否則見其落落焉若不知出之已有人者然依回（帶定）不去之情與三子不類徐徐然若故聽他人之出者然從容不迫之致與三子殊趨驟而即之殆依然一鼓瑟方希時之曾皙也依（一波未平一波又起）然一將言志未言志時之曾皙也夫鼓瑟希希才為瑟留也而茲

已不再鼓矣烏乎待言志未畢身為言晳也而茲更無餘志矣又烏乎待而乃逡巡自若婉轉愈形與三子並待者不偕三子並出後三子而明撰者亦後三子而請出嗟乎豈聚散本自靡常進退（忽○叙○忽○謝○解○疑○泣○疑○）不拘一格而無傷于異耶抑還以鳴異於三子耶非也其後也其有言也當日者不且振振有詞耶聖賢有何嫌疑証淵源于一室（聲○抱○不○測○）何不可共令聽聞然而三子行矣未行不妨與聞既行則不嫌獨抒也狂士應無拘束訂疑義於同堂詎不可互相告語無如三子退矣未退不及並陳既退豈不堪私質也然則曾晳有言是以後（以○斷○去○光○挽○）（可○謂○解○人○他○王○作○）也固也而豈關於三子之出與否耶是故謂曾晳之有言故後則

待三子出而言意太失狂士面目

可謂曾晳之待三子出而有後言則不可嗟々去者去留者留行止之間參差具見默者默語者語嚮敘之際意旨已傳覌其以三子之言為問非以夫子之與不及三子故哉而曾晳固未可以出矣

武夷九曲歩々引人入勝　阮蘆邨

通篇作疑陣深合記者筆妙層波疊浪無義不搜

三子者出曾皙後曾皙曰（論語）　朱 僑

三子者出曾皙後曾皙曰　朱僑

不與諸賢俱出者以猶有後言也夫三子而出則曾皙宜與之偕出矣後何為者乃猶然侍夫子也非以其有不能默默者乎昔聖門一堂言志亦既歷歷各有所表暴矣詎復有含意未申之故致裴徊焉夫也哉乃若釋然而去者固相忘於無言而漠然而留者尚有懷之欲吐因以知此際之徘徊非無故也夫子之所與既不在三子而在後三子而言志之曾皙矣斯時三子苟爽然若失皇然自疑或不無後言以質諸夫子而為曾皙者夫亦可暢然意滿矣合意備三子而相須以題措必曾皙也言或別三子者之出者在

以承為法天然無跡

[illegible]

曾晳也乃當日何如者誠使情殷長者而眷眷不忍離正可假片語
刻盤桓以為更端質証在二子應有同情也而何獨淆於曾晳嵩
其念切同人而依依不能舍亦可乘一時把晤聊復暢厥胸襟在
曾晳倘有意乎而何況若彼三子然而有出者矣有先曾晳而出
者矣出不一人而已三子矣彼三子者莫未嘗訂曾晳而期與俱
出耶而曾晳否否則見其落落焉若不知出之已有人者然依回
不去之情與三子不類徐徐然若故聽他人之出者然詭容不[illegible]
之致與三子殊趣聽而即之殆依然一鼓瑟方希時之曾晳[illegible]
然一將言志未言志時之曾晳也夫[illegible]

已不再鼓矣烏乎待言志未畢身為言留也而茲更無餘志矣又烏乎待而乃逡巡自若婉轉愈形與三子並侍者不偕三子並出後三子而明撰者亦後三子而請出㳟乎豈聚散本自靡常進退

忽敘忽斷解脫迭宕

不拘一格而無傷于異耶抑還以鳴異於三子耶非也其後也其有言也當日者不且振振有詞耶聖賢有何嫌疑証溯源于一室

題抱不測

何不可共令聽聞然而三子行矣未行不嫌與聞既行則不嫌獨行也狂也應無拘束訂疑義於同堂詔不可互相告語無如三子退矣未退不及並陳既退豈不堪私質也然則曾皙有言是以後

以翻共為挽　可謂解人能手作

也固也而豈關於三子之出與否耶是故謂曾皙之有言故後則

三子者出曾皙後曾皙曰（論語）　朱偁

考卷芳潤集

待三子出而言意大失狂士面目

可謂曾晳之待二子出而有後言則不可嗟嗟去者去留者留行止之間參差具見默者默語者語響寂之際意旨已傳覩其以三子之言為問非以夫子之與不及二子故哉而曾晳固未可以出矣

武夷九曲步步引人入勝　阮藩卿先生

通體作疑陣深合記者筆妙層波疊浪無義不搜　黃尚[illegible]

○○三子者出曾　一節

浙江周學院歲考　吳陳琰
錢塘縣學八名

問志而不盡一辭，相忘於言外而已。夫各言其志，予既言之矣，豈不問焉，乃彼出而問，而仍不盡一辭也。斯真為異者言耶。且師弟子相對而以志為言，其樂乎言之曲盡其致也。而不知相視之樂，偏在有言若無言之間。是故言之者既已盡，聽之者姑留其不盡，而為之師者亦無不欲以言之者盡之也，而已不啻言之既盡矣。點言志而予與也，默識異矣。斯時鏗爾之音既遠，喟然之嘆方終，點與三子其將次第而退矣乎。若猶未也，為三子者宜進而問與之之意，為夫子者且明以告與我之所為與點者，亦且微示以所志之異，有合於吾乎

者論仁也哉不意三子竟默默而出也雖然三子出而曾皙則後之
夫侍坐之列宜次第而言者皙也而皙既以鼓瑟而獨後之焉者意
不欲以好勝者先人耶而肆出之頃亦宜稍從而出者皙也而皙又
以閒難而讓後之焉者意不欲以相賞者自異耶然則三子或無意
于皙固患言矣而皙何能忘三子也而吾子又何可遺三子也識皙
也明吾亦未識三子者之言何如矣嗜三子之言皙果未之知乎尚
未知而何以信其撰之異也哉者人固不易知非可易意其果耶之
優劣也三子之言皙果有疑乎倘有疑而何以不運變諸三子而
必貿諸吾子也哉抑知皙莫如師殆將取証其意中之定評也而許

三子者出曾　一節（論語）　吳陳口

知天下有可得而言者有不可得而言者讀書而時衡往古下雖聚千載之賢豪供我一日之進退此可得而言者也不言而古人之志不出也同堂而相與寫心勢難執一人之意見張裁摹擬之際此不可得而言者也言之而斯人之志反晦也如三子者既各志之而各言之各志之則可試于既知之後各言之則早信于未知之先猶（原批行文如流水妙令有致）見點有志而點有言也云爾猶之三子之志于點于無傷也云爾亦終其志也已矣而吾于何庸更贊一辭也哉或敎以點爲刻求三子者非也悵悵我志商得夫春風沂水之機也以吾子爲羣言三子者尤非也環轍吾徒車有此戀戀兵農之具也異時類淵季路將矣

子同盍各言爾志。而于二子之志。無所置辨也。其猶此意乎。惜乎三子既出。未復問。夫子之志何在。而僅傳夫子之一哂。與曾皙相視所樂。而特發之不置也。

構局命意。俱不欲為千百人思慮所同。幽折多姿。潤非凡品。原批

波瀾起伏。灑然不羈。筆底別具一段勝致。

三子者　吳

三子者出　何如　李炯

求詳於聖人之所畧而後出之意深矣夫子於三子之言不置一詞是與不與未可定也點之出而後〻而問也意深哉今夫抱區區之虛願而幸得當於聖人此有心者所為遲廻而長慮者也夫言而當〻焉止矣然而精神才力之所各見要必有審區於聖人意量之閒而微參乎吾學異同之故而子〻焉據已志以為安則亦淺也言志既畢點與而三子則否而斯時之可以出者必三子矣夙昔信心有具決不以一時見絀頹焉自喪其生平而擴官器之胸相與游心於廣大則沂水春風正三子得意忘言之候而斯

首句誰解此着筆

時之未可以出者必曾皙矣吾黨蘊蓄深沉豈得以了不異人一切概從夫簡畧而本印証之餘旁以推求於實用則兵農禮樂即（所以有何如之問）狂士點虛崇實之思而果也三子出而曾皙後也人有一名一物終身於此事而不遷雖以篤信如聖人而必不屑擬議揣摩矯性真而詭求契合人有凴臆抒情取必於空言以程效而苟相視而莫逆即無假片言獎許渾語默而別有深思夫三子者之言而豈徒哉曰何如點之問三子欲點之所以自考也意以相薄而出者也暮春亦偶寄耳而曠然有會於聖心而又僅以喟然一歎盡也此固有權衡乎三子之言而特以點言洽其趣者神欲行而機未

渺莫測其詐合之所以然而姑借証於淡漠之所由置斯亦叅觀之一法矣義以相反而明者也風浴聊自適耳而悠然無間於聖心而又第以吾與一言止也此必非彷彿乎聖人之似而故於三子之言別其趨者脫於口而寘於心不自鮮其性天之何以至而因推極乎人意之所由殊斯亦考驗之一術矣蓋所得之淺深當前可決而相衡在人己之際反輾轉而莫能定其歸不謀之志願諸本何謳而相深非旦暮之功經折衷而始以要其是後出而問點亦有心人也哉

此種題本用不着多使氣力却可以覘作者書味筆法清厚警

細空靈跳脫後生不解此軟勁也　趙啟人

看得何如一問正是曾點為己之學却先於一出一後處透逗

此旨思深力厚　受業余南禹識

三子者

三子者出　　沈光熙

記侍坐者之出、均未見與於聖人者也。夫四子侍坐、宜其出則俱出矣、乃自旁觀者心焉數之、而先見夫三子者之出也、則均非夫子所明與者、且學者周旋函丈之旁、旅而進、亦旅而退、此請謁之常。何足深異、顧事從乎衆、則偕行焉而轉習為常、序處其先則歷（經見此題即能注射後字）敢焉而偏形其驟、是故退者無心也、自旁觀者竊識之、而一步一趨乃衆著於心目間而歷歷可數、四子侍坐、有喟然之嘆、子獨顧（題之前周到）點而樂與之、彼三子者吾不知其然、解否嗒然喪否、乃未幾而相隨以出也、聞之侍坐於君子君子欠伸撰杖、視蚤莫則侍坐者

尚同此意歟雖然出亦何嘗之有有詞盡旨窮
則退也者則匡坐而詩亦既親承夫善誘
意神氣直射何如一問恰是題中天然
髙下而斷以單詞於莞爾微呈要亦容
亦含而未伸之會也三子者何以
共意以去也茲則晤言一室
共農禮樂而渾之不語即
也其故斯亦翕而未剖之
合擬之義矣詞之既畢觸
歟而概而置之若舉三亦各言

三子者出（論語）　沈光熙

句羅然欲活

子而晳從其側志不同而子之無言則同：故無用其遲疑也子之所以無言即三子之所以可出也且三子更無未悉之旨矣辨之難已激於所不辨而辨轉滋乃明：有共陳之底蘊而深相覘者忽舍三子而別有賞心言志同而子之所與則獨：故隱相示

曾晳所以獨後緊知本題下句已呼之欲出

以風旨也知與者之不在三子即知出者之應在三子也特是侍坐之餘三子雖儼然在望旁觀亦久與相忘以有偕三子而坐者則三子不過列居其次及聞喟然一歎而目之所注方環集於

一嘆一醒

點鼓瑟之儒幾不問侍坐者之尚有人也而忽見其雍然出也則心焉嚮之進揖退揚已有三子者相與下里堦而布武抑言志之

沈思擬文　論語

頃三子雖以次徼詞旁觀亦未之區別以有繇三子而言者則三
予不適會逢其適及聞喟然一歎而意之所係共尋味於沂水春
風之語更不計言志者之尚有人也而旋見其幡然出也則徐而
（曾皙所以獨向三子者之言作者殊有手揮目送之樂）
察之隨有接踵惟此三子者相與離几席而遄歸事無可疑不必
負墻而待旨無不盡奚煩偶坐以須而爾時曾皙獨顧望徘徊殊
未釋然於見與之故也

顧上注下一絲不走萬竅玲瓏能得耘渠朴山諸家神髓　歸愚
先生

三子者　沈

三子者出曾皙後

安徽雙宗師歲入當塗縣學一名　庚亮才

不借三賢以假出狂士非無心於後也夫點即不必先三子而出寧不可借三子而出乎然則其後也謂非點之有心於後耶且學人之進退未必其盡同而亦未必其盡異也乃行乎其所不得不行者本非有意以從同而止乎其所不得不止者反若有心以獨異夫乃知一進退間正非徒疾徐之致適不相侔也一如曾皙之後三子言志而夫子與之豈與其退然無先人之意耶抑或先與曾皙而後與夫三子耶誠如是也則三子者應少徘徊焉徐俟曾皙之出與一得當於夫子其能遽出乎哉念生平之抱負素優何難遽

言○適○逸

○原評○緊○注○下○截○翻○洪○出○字○

當時之欣賞乃襟懷已寫而聽者無言吾知四顧躊躇既不勝其欲往仍留之意況一人之曠懷高寄固默通吾子之淵微第結契雖深而情難曲喻吾恐私心繾綣愈莫禁其欲前且却之形然而（頓）三子者出矣（挪折半）夫人當中懷未釋之時每不能決然以舍去謂夫意有所欲伸情有所欲白也而三子何所容心哉禮樂兵農既各抒其懷抱則已足謝友生商榷之責尚何必聽前顧後耻步趨之困人而人當中懷既釋之後又不能鬱鬱以久居謂夫意已無所留情已無所寄也彼曾晳何獨不然哉春風沂水既已契乎聖心則撰之以視日撰屨之常又何妨逐隊隨行偕同人以旅退然而曾

原評　兩兩互爲曲折之妙意

皙後矣旨趣不無各别而行止寧必遂異乎人情使於三子未出之項或慷慨以爭人先固無所損乎曾皙也何乃衆皆辭席猶然躕躕而不前槩動亦有何常而先後安能拘牽於一定使於三子將出之時或委蛇以隨人後亦不失其為曾皙也何乃低徊留之未肯身離乎函丈然而曾皙則竟後矣然而三子者早已出矣是知志之同者出亦同三子原自不謀而皆合而撰之異者出亦異曾皙毋乃特立而獨行從其以三子之言何如為問而知曾皙之後誠非無心也

獨出機杼自成章法　原評

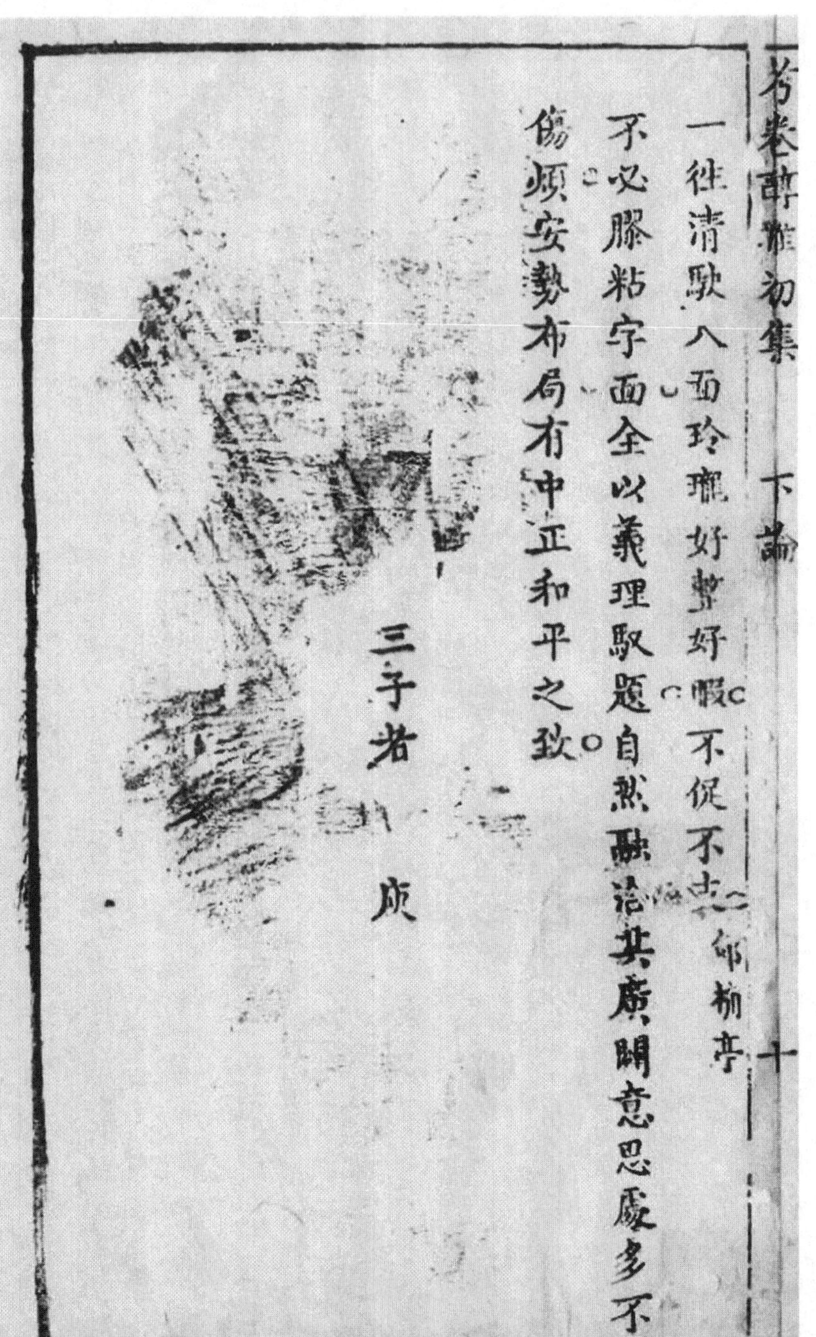

一往清駛八面玲瓏好聲好假不促不去　邵柳亭

不必膠粘字面全以義理馭題自然融洽其廣闊意思處多不

傷頗安勢布局有中正和平之致

三子者　庶

三子者出　四句（論語）　馬佩珩

三子者出　四句　　馬佩珩

不與諸賢俱出者以來明不與之故也夫出則同出耳後胡為者何如一問點殆因已之見與而疑三子之不盡見與哉今夫進退之節吾黨不必矯為異也而疑有未釋斯不妨以少間請復者質于函丈之前故當羣賢避席而獨事遲同幾疑異撰者之甄異其迹追觀其取同堂之論述作局外之推詳而知一時之寸意良深也喟然一與非以點之言有異于三子者之言哉蓋至是而一堂之問對畢矣領與者在此將不與者必在彼也而與者獨是出之不與者果盡非也維時三子無言而曾晳殊難釋矣一人當相形

墨卷湍裁　庚寅　恩科山西　論語

見絀之際意每索而無餘以三子而聞曾晳之言云誠何深總〻（敘最肖）（次上作絕）也語無煩于更質胡弗循不言則退之常人當叅觀未得之時念更專而有屬以曾晳而思三子之言寧能安于嘿〻也（五承來句作合）義有精亦微叅豈必拘攜手同行之素則見夫出者三子而曾晳未，與俱也後者曾晳而三子莫解何故也夫三子出而三子之言猶未定（反合下意）也曾晳之後夫豈徒哉蓋聖人之相期有在匡居坐誦而頤籌夫（開合縱放非常生動）與日之經猷將兵農礼樂之談吾知其必有合也乃不世殊勳盡歸吾黨而結契者別有思存此則點之未敢竟以三子為是者也神聖人之相賞自真即境流連而竟獲夫無窮之嘉予將智名勇

功之途窮意其了無當也顧東周可為久縈寤想而建白者寧向
粗迹此又點之未敢盡以三子為非者也藉非深明夫二子者之
言何如而後者何能遽出哉于此見曾晳之深思好問亦有異乎
三子也苟其存足已之見斯同人有懷亦且畢之縱論耳乃不以
俱出者併接武之踪并非以獨後者亦親師之雅而愗愗我思若
意大評品來繹致以遣已謝匡時之用則此際之獨切咨則當亦
出為者意想所不到矣如其為鮮心之捭將欣賞未及又且忽焉
若忘耳乃無意于此而依然侍側寔有心于後而不忘斯衷耿耿
予懷惟歎于緒論所及用以尊言定內照之衡則此日之徐求論

斷。不。僅。出。焉。者。梗。概。所。由。彰。矣。此。曾。晳。之。善。于。質。疑。而。辨。惑。之。學。更。深。于。言。志。也。三子聞之應亦自省其言之何如而有悟已。紛頓如題先民典型不墜。彼逆入倒捉以凌駕見長者。究未免失之粗莽。豈知此按部就班與道大適耶。夾縫過渡。尤人一著之勝。吳青于

三子者　馬

三子者出曾晳後

陝西 黃 斌 二名

諸賢出而所與者獨後記者所以詳誌之也夫三子之出常耳而所與之曾晳獨後若有不忘所與者記者能勿詳誌之乎今夫弟之于師也其無所容心者惟出入先後之間耳顧無心之際而有有心者在其中則無心者不過為居常之進退而有心者已早非無故之遲留旁觀者不得不歷歷誌之矣昔者夫子語諸賢以言志其時先對者寔惟三子而點居其後至夫子有與點之嘆則一堂之上不咸知所與者之在曾晳哉今夫書策琴瑟之旁好學深思者每熟察焉而不敢忽然而言辭論說不厭其詳行止周旋每

從其略蓋以為居恒之出入原不必縷析以陳而當夫得意忘言之候傾心注目者尤諦審焉而不敢忘所以神行官止各遂其常之意往神留良非無謂則當此偶爾之後先正可以黍觀而得聞豈侍坐于先生先生撰杖屨視日蚤莫侍坐者請出彼夫點之後三子之言志畢矣即所與之曾皙亦言志畢矣設使偕而出焉亦其常耳併三子出而所與之曾皙獨後哉論夫函丈之常儀與言則對者原可以不言則退三子之出夫亦屬在偶然耳顧出者業已出矣而回視夫嘉許之名賢尚儼然其在座則即其躊躇婉轉之形而轉計夫翩然以往者未知其果心為領而神為會耶是出者

秀曲浮至

祗因後者而書所謂連類而及之耳衡以追隨之常分可旅而進者何必不旅而退曾晳之後自非出于無心耳顧後者不覺其後也而回視夫說心之儔侶悉避席以言旋則當此燕居寂處之頃而獨有所欣然稱賞者尚覺其目為送而身為留也是後者更以出者而顯所當特舉以書之爾同堂而共白襟期三子已無不宣之蘊然而敷陳之頃未邀片語以相嘉則欲出而不能遽出或未可知奈何出者為三子而需以有待者偏在此心契之人耶則此時之息意凝神自可微窺其氣象而豈僅等諸時出時入之常睹對而各明懷抱三子亦願有相長之機況乎嘉與之情未必會心

文中有眼

風韻絕作

之不淹則欲出而不妨于後者亦未可知奈何出者為三子而遲〻未起者即在此心許之人耶則此際之心摹手追別有點露之神情而豈僅置戒後或先之數蓋作止一任其隨時出者不必為後者而留其地聖衷何為而獨契後者已又因出者而發其端此點之欲證所與者遂即哂三子之言以請矣

客咏括吟風詹巾得此可以覘其襟度

眼無塵土境皆遠　羽門

三子者出　已矣

曹友夏

三賢之言志不同、、（帶定前句）不必於其出而轉疑之也夫志在三子則三子者之言亦各言其志而已點也奚為於其出而有後言乎今夫人言志於師友之前（起止）往往請業則起請益則又起所以言甫畢而志（二語亟住）且更端志盡發而言猶在耳此好學深思者有不禁流連往復而（收住前二句）不能去也昔點繼三子以各言其志（關前）子獨喟然與點彼三子者能復翺翺然自言其志哉夫自夫子聞之（為出守做勢）穆然意遠已若於同堂悟對之下別有會心即自三子聞之（出落雋異）翺然高寄亦當於夙昔期許之中更思精進而不圖三子者出也禮曰君子欠伸撰杖屨視日蚤

慕侍坐者請出矣出自有節也哉顧出則偕出而曾皙獨後抑何為也夫人之稱說即或無當乎問者之心而人各有志固亦無容

重發夫三子者句

相掩也一自有點之異而早見為三子者之言古人一堂萬物一

字字洗出此何如一種神氣

體落落自負其進取者有在也夫三子者之言何如而點之意中夕矣無有三子矣夫人之趣嚮即或有慊乎教者之心而人各有志要亦未可盡非也自有子之與而因別為三子者之言素位

此何如又

而行無入不得寥寥遠舉其行道者有期也夫三子者之言何如

一種神氣　以下重發各言其志

而點之意中抑豈不忘吾三子矣一向者有懷即吐勿受長者之拘

前條言其志屬點此條言其志屬三子借彼引此兩下心印

牽三子言之點亦披襟開臆以言之彼也三代之英也此也聖人

之徒也而庸何傷乎今者無隱不宣孰禁同人之辨析點言之復
與三子去爐剖疑以各言之此也東山泗水之可娛也彼也兵農
禮樂之可觀也而又何傷乎一方點之未出也其於三子者之志原
（照顧首三句）
自達觀於身世之外何必復理前說以相參兹且以點之問而轉
（何嘗不與三子）（并也已矣神情亦露）
覺三子之坐而言起而行者其各堪追憶有如此矣即點之獨後
也其於三子者之志亦可徐悟其一貫之理何必更求一解以相
形兹且以點之問而轉覺三子之修於家獻於廷者其各相持贈
有如此矣夫三子亦各言其志也已矣而顏詰〻然必問其言為
何如也哉夫而後三子者出點亦可以出矣

曾點一問要討個與點真消息。夫子不即不離。却藏了無窮機括作者正自語淺而旨深情近而致遠。其行文紆餘徃復酷似歐陽子筆意也。

三子者

三子者出　　晳曰

蘇州薩[illegible]　科試

吳縣第六名　程海

[illegible]無心而後有心懷疑者自不能默矣夫可出則出在二子原屬無心而曾晳則有心于後者也其[illegible]默而息哉且進退本無定境而茹吐自有微情函丈周旋之下彼非行乎其所不得不行此實止乎其所不得不止則或先或後之間而若吐若茹之隱已早為之傳矣曾晳繼三子而言志而于獨與之斯時也會心者夫子而夫子不聞更贊一詞也傾耳者三子而三子不聞或贊一詞也一堂之上不幾相對而忘言乎頋吾聞弟之侍師也撰杖屨視日蚤暮則侍坐者請出矣曾晳其將出耶而曾晳曰吾不可以出也盡

少待焉無何而三子者出矣既無餘論之未伸則不疾不徐自可

落清首句

率其舉止之常初非有懷而欲吐則旅進旅退不必牽于去留之迹其出也非三子之故先曾晳乃曾晳之故後三子耳是故觀其

閑筍巧

敘題閑雅

志三子有待也而曾晳則無待及其出三子無待也而曾晳若有待出者出而後者後彼無心此有心固兩不相侔也步趨見雍容之致而率履不越無非守進止之規徘徊昭暇豫之形而以安無躁且以伸再三之叩曾晳于此其能默然已哉一折疑從端辨難碩何以不求析于三子未出之前而求折于三子既出之後則疑之

按下一非

緊續題首

蓄于心而待析者必有不容漫白之端而奇[illegible]長夫三子之出而

始白之也蓋詞未宣而意已達矣解惑必資執命頤何以不深解（如題不遂）于三子未出之先而索解于三子既出之後則惑之結于衷而待解者必有难于題揭之情而因以夫三子之出而始揭之也蓋詞方吐而心已寫矣觀于曾皙之有所云而知其後三子而出者（發題一片華有鑑鑄）誠非無故耳親欠伸之容同堂不復必留而一人之留連于講席者猶深請業請益之思懷發問之端啓蘊早露隱衷而此時之商確于當前者已在欲言未言之際彼三子雖釋然于曾皙之異撰（臨去秋波一轉）而曾皙豈能釋然于三子之所言也哉

秀潤輕圓玲瓏掩影蹁躚舞袖雙飛蝶宛囀鶯聲一串珠　趙錫

三子者出 一節

張 贊

後出者即人以証已聖人固未嘗不兼與也夫曾皙後三子而詰其言將以自証其撰也而夫子視之則均之言志耳豈有所致貶於其間哉今夫函丈周旋進退之節不必異也有時而異蘊藉之分致不同也究無弗同故經遂將自無心而遷四者寔有意參觀者雖有意而兼收者自無心用世之畧得索解者之親切互証而其便概遂悠然於約畧間也一點與三子各言其志而子獨與點其

原評：二句片法出。

評：分寸的當，他家多說點以前而出，祇未看經註也。

所以與之故點應自會之夫子不言也三子亦未之知也春風沂水於酬知之間何如意點可出三子固有徐俟商確而不能遂出

者乎而抑知不然抱負誠優何難取懷而予苟有所依違必斯之（對末句）未信也則其出也猶是用行之素襟期雖曠夫豈樂與人殊苟高自位置亦見之未審也則其不遽出也依然遜讓之風於是三子（原評淡淡寫來詩味無窮）著出矣三子出而曾皙後矣始焉以己異人覺風浴詠歸此中之況味不堪爲三子參一詳也繼則以人異己覺兵農禮樂此日之（對針禮字）經濟正可于三子進一解也夫三子者之言何如夫豈有卑視之心欲以集互勘之益也而夫子究何所低昂也哉蓋樂性分者油然於仰觀俯察之下不以預設之成心擾當幾之順應樂則行而（原評頓挫遒）憂則違聖人有同心也然而渺渺予懷難分以相偏矣而急時

艱者啟然於幹濟經綸之業不以鉅艱之猝至識處士之虛聲素絲紕而良馬六三子其裕如也則夫娓娓而談要亦自抒其蘊矣亦各言其志耳夫何疑於三子之言乃知執形迹以相求則人已未融似難忘乎擬議合所按而皆化則彼此一致并無事乎推詳觀夫子之所以詔點者而知夫子未嘗不兼與三子也點頗後三子而兢兢致問豈猶未見及此乎

淡遠微至耐人咀味　原評

曾點一問若作高自位置不但看狂士太淺亦與下文禮字針線微隔矣文極滑解章法亦水到渠成　唐端士

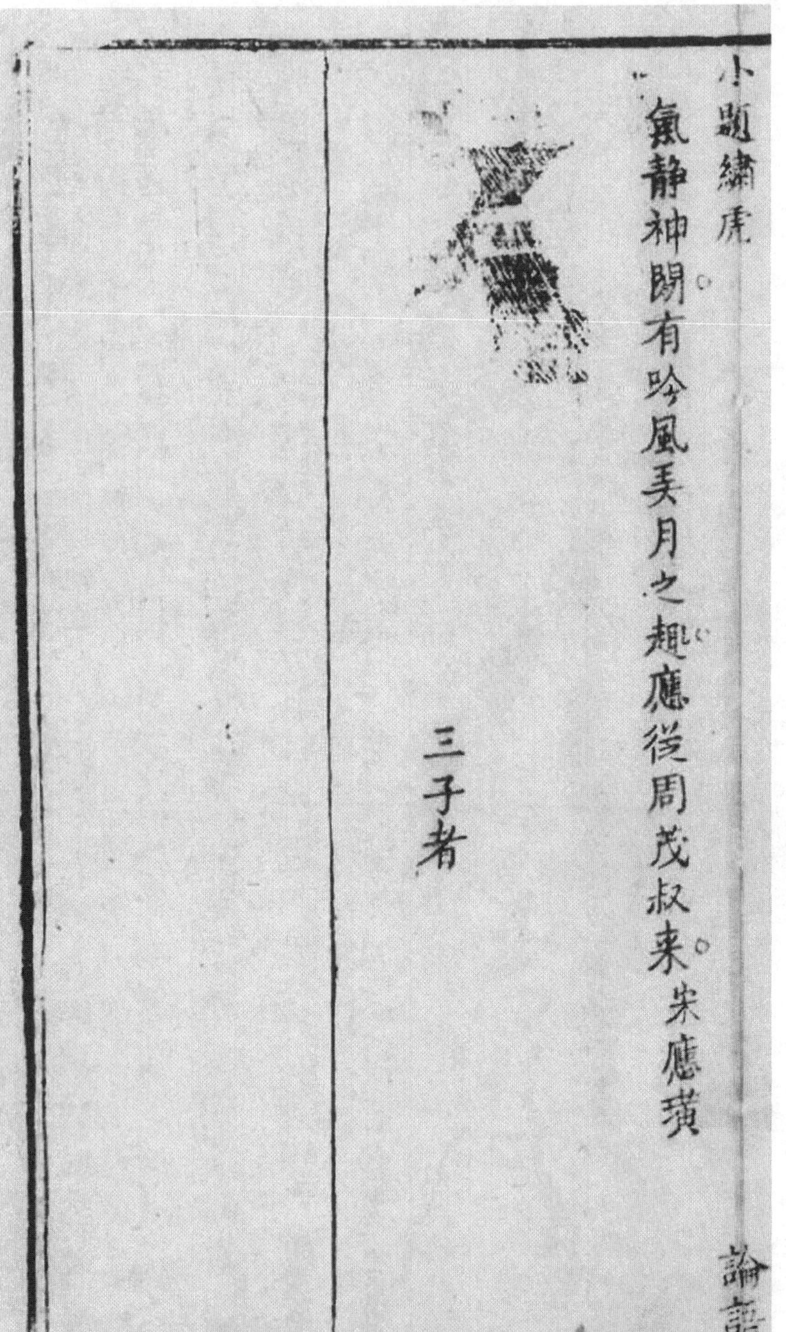

小題繡虎

氣静神閒有吟風弄月之趣應從周茂叔来　宋應璜

三子者

論語

三子者出　四句　　　　趙文照

得旨

不偕諸賢出者不忘諸賢所言也夫言志已畢宜乎出則俱出乃極不忘者三子之言也其問也所以後也且甚哉狂士之異也異

領上節入題○先

補○老注

以擬異以作而異以鼓瑟吾黨微窺焉而覺其異已甚也乃言志既畢而其進反質証之非猶夫人者更可詳記而默參焉諸賢言志而子獨與點維時點得言而忘象子得意而忘言子與點恍相遇于春風沂水間而點之言何如三子者之言何如點之言邈邈子者之言何如蓋早已高下之在心矣而子復何言而三子亦無言乃觀于點而異矣點何異異以後也夫不有出者後何以形乃

墨卷鴻裁　庚寅　恩科山西　論語

點目送之而見三子已出也點何後于三子也夫不有後者出（點題審變）何足誌乃三子方退焉而知曾晳猶後也今夫欠伸撰杖詩教之（朴老緊密中踈宕）常也而傳習親師亦學人之願也律以相觀爲善之意則曾晳出而三子正可少留例以視日早暮之經則三子出而曾晳不妨偕（得此一折滿下伏有情致）然乃俱不出此將毋餘音可續仍牽其操縵安絃之素乎抑其志嘐嘐終不屑隨人以步趨也非也點也後點蓋有所言也點何言（落清）點蓋疑三子之言也吾于是恍然于其所以後而環顧三子則已遠矣進退亦學人之常度謂三子隱窺夫點而故以出爲者俾之（無十一層）代質其所疑此臆度之私而非大雅所敢出夫三子亦退以時耳

全為下學出一段文脈

可入則入者可出則出而點之問遂已遠遊其會也思擴懷之無稱其量意持論之必得其平而含意待申尚未顯加以評隲豈無行不與之下而頒作此寂寂也此點所為復理前說者矣功名亦儒者之本圖謂點輕量三子而因以後焉者思以急區其分際此非薄之念而更非達人所願存夫曾晳亦安其止耳先時非務者後時非需而三子者之言容云欲辨已忘乎蒼黎之禱祀下發函丈之品題宜定而同堂相對自當明叩其指歸豈有懷共白之餘而可負此問問也此點之所為徐索其解者矣蠡考言正所咨擇言故隱懷欲吐未妨欲去而仍留而辨志更深乎言志則有叩斯

○嗚虖幾釋疑而解惑○夫三子者之言何如○自夫子示之○曾晳應後三子者出矣○而不謂更有請也○只是叩三子之言○叩三子只是為哂由發問○非借以自証也○然惟見得到○故說得出○故曰已見大意○豈當喟然一歎之餘胸中反添如許疑團○必待借証三子耶○講家多誤○文看題獨明了○蕭疎歷落○意致更不猶人○　吳青子

三子者　趙

三子者出　何如　　四名　趙文照

不偕諸賢出者不忘諸賢所言也夫言志已畢宜乎出則俱出乃獨不忘者三子之言也其問也所以後也且甚我狂士之異也異以擬異以作而異以發然吾黨從寬焉而疊其異已甚也乃下諭時而其異猶未已蓋至言志已畢而進反質証之非猶乎他人者更可詳究而點參焉諸賢言志而予獨與點終時點得言而意象予得意而忽言予與點悵惘思乎春風沂水間而點之言何如三子者之言何如點之言視三子者之言何如蓋早已高下之在心矣而予復何言而三子亦無言乃觀于點而異矣點何哉以後

起句警清真

突頓跌妙絕甚

也夫不有出者後何以形乃雖日遠之而見三子已出也然何後後于三子也夫不有後者出何足慕乃三子方退焉而知曾皙猶後也今夫欠伸撰杖待教之常也而傳習親師亦學人之願也律以桐觀益炎之意則曾皙出而三子正可少留例以視日早暮之

兩路翔騰再折有致

經則三子出而曾皙何所尚往乃偶不必此將毋余言可續仍牽

駘宕淋漓直逼漆園

其操縵安絃之素乎抑其志寥寥終不屑隨人以步趨也非也然也後點蓋有所言也點也言預蓋為三子言之也吾于是憮然于其所以後而環顧三子則已遠矣進返亦學人之常度謂三子[illegible]竊夫點而故以出焉者仰之代質其所疑此臆度之私而涉太[illegible]

所敢出夫三子亦退以礼斤可入則入者可出則出而點之問遂爾邃逢其會也醞據怵之意補其量意持衡之必得其平而含意
畧貌取神栩栩欲活
待中尚未顯加以評藻豈無行不與之師而顧作此寂寂也此點所欲復理前說者矣功名亦儒者之本圖謂點輕量三子而因以後爲者思以急區其分限此菲薄之念而更非達人所願存大曾皙亦安其止耳先許非棻者後時非需而三子者之言爭三欲辨已悠乎蒼黎之禱祀方殷函丈之品題宜定而誨人不倦允堪明叩其指歸豈曲終人散之餘而可見此閒閒也此點之所爲徐索解人者矣蓋考言正所以擇言故隱衷欲吐未妨欲去而還留而

辨志更深于言志則有叩斯鳴庶幾釋疑而辯惑夫三子者之言何如自夫子示之曾皙應從三子若出矣而不謂更有請也

文境幽折亦復跡與宜人灵心妙會令人玩索無窮　暘修來

三子者出　何如

庚寅　山西　趙文照

不借諸賢出者不忘諸賢所言也夫言志已畢宜乎出則俱出乃點所極不忘者三子之言也其問也所以後也且甚哉狂士之異也異以撰異以作異以鼓瑟吾黨微窺焉而覺其異已甚也乃亦踰時而猶有異者蓋言志已畢而其進反質証之非猶夫人者更可詳記焉諸賢言志而予獨與點維時點得言而忘象予得意而忘言予與點恍相遇於春風沂水間而點之言何如三子者之言何如點之言視三子者之言何如蓋早已高下之在心矣而子復何嘗而三子者亦無言乃覩於點而又異矣點何異異以後也夫

不有出者後何以形乃點目送之而見三子已出也點何後後於（首三字在點目中看出）
三子也夫不有後者出何足誌乃三子方退焉而知曾晳猶後也
今夫欠伸撰杖侍教之常也而博習親師亦學人之願也律以相（波瀾）
覩益善之意則曾晳出而三子正可少留例以視日早暮之經則
三子出而曾晳何妨偕往乃俱不出此將毋餘音可續仍牽其操
縵安絃之素乎抑其志謬〻終不屑隨人以步趨也非也點也後
點蓋有所言也點也言點蓋為三子言之也吾於是恍然於其所
以後而環顧三子則已遠矣進返亦學人之常度謂三子隱窺夫（添毫）
點而後以出焉者俾之代質其所疑此臆度之私而非大雅所敢

出夫三子亦退以禮耳可入則入者可出則出而黜之間遂爾遠
遂其會也聽擴懷之悉稱其量意持衡之必得其平而含意待申
尚未顯加以評定豈無行不與之師而碩作此寂寂也此黜所欲
復理前說者矣功名亦儒者之本圖謂黜輕量三子而因以後詔
者思以急區其分際此菲薄之念而更非達人所願存夫曾晳亦
姿其止耳先特非躁者後時非需而三子者之言寧云欲辨已忘
乎蒼黎之禱祀方殷函丈之品題宜定而誨人不倦固當明叩其
指歸豈曲終人散之餘而可負此閒閒也此黜之所為徐索解人
者矣蓋考言正所以擇言詖隱懷欲吐未妨欲去而還留而辨志

叟深於言志。則有叩斯鳴焉。幾經穀而解惑。夫三子者之言何如。

自夫子示之。曾晳應後。三子者出矣。而不謂更有請也。

神姿高徹。如瓊樹瑤林。自是風塵外物。

三子者出　　趙

三子者出　何如　　九名　劉仲漳

出者不自証其言後再轉難已於問矣夫三子出矣而三子之言未究其何如也曾皙之後非有殷于所問者歟且席間函丈奉鑒者之旋進旋退恒規也而考辨有徵情正逐可焉而不退以旋啟去者已舒其意也之一而留者偏究其言中之意當共徐徐相俟（固博而擇）而局外微參問終舉當局之品題而共見也諸賢言怒而點獨見許斯時也固時茂對已結然矣於行藏問世勳猷未遂定許於函（當上也字入應題真）丈三子且不知三子之言為何如也將毋有徘徊左右而不遽出者乎乃點也已見七八三子者出矣想其於素蘊之經綸而默不對則

何是何非亦從俟椎衡一當境乃藹之悲既渾于無言而言之者

○高○曙太○唱○元○葉○悲○之

亦領於無迹含意既申何妨接踵而離詩書之座抑其本生平之得力而具陳則孰得孰失亦默參意象于當幾頃微示者方露意於眉睫之交而游覬者若索解於語言之際有懷共白當俟聚首而依几席之旁此三子之出不復自証所言也而自省則悠入焉者

○○參○後○字○

何也謂是後于言者亦紛紜于出用寫氣象之舒徐則此一後也

○頓○下○註○精○心○融○結○一○片○神○行○

不過與安絃操縵同貽神行宮止之風乃雅諸力可若洞析正苦於無端斯机以徐而不待而依回者僅表意度之間謂是吳其攝者亦異其出[illegible]亦從容于此止則此一後也原不必如攬物乘逐

自寫獨往獨來之素可以消忘可參論說未徵于衆者斯境以宗
而有閒而遲留即可為汗究之緣其後也蓋重為三子之言計也
英流華處寸一堂與居與遊寧弗遊諸其經濟而逆為階初不若
顯為撥者之可徵也是以咱念生平已默契安延之素而環顧斯
反未得顯示其低昂則加人之識隱而未彰即考己之明虛而無
說○確○樂言是求○力○闢○進○奥○
薄也此則曾暫所急于索解者耳識趣既超於群彥此優彼絀寧
準彷彿其大凡而得其嬾初不若究其真者之可據也是以靜驗
同僚皐諸于語默之分而小緩須臾代為互推其許輕將失所言
對○三○發○精○透○
者可悟其端而得所言者切微其當也此亦三子所須以發明者

耳。曰夫三子者之言何如。亦有不能已于三子之所者而安得忽
後乎哉。迨聞子言而進徵之。此者之言其志。于是乃定云。
出題之來以攝其神。入題之入以發其義。然討冥搜步步引人
入勝。湯修來

三子者出　已矣　薛觀光

三賢自成其志特未與于未出之先也夫三子未出曾晳但以其言為撰豈知質之夫子固深嘉其言志乎且從來事功之原在性分性分之用在事功故以言性分者為無與事功不可即以言事功者為無與性分亦不可乃賢者見其分聞言而疑聖人見其合即言而解有出于同堂辨論之外者如四子言志夫子獨與曾晳

呈連環已解矣

斯時三子味曾晳之言味曾晳見與于夫子之言豈其無待求詳者而何群然而出乎其出也殆共服曾晳之言之為志也斯時曾晳憶三子之言憶三子未見與于夫子之言豈其有所難明者而

何了然而後乎其後也固欲辨三子之言之為志與非志也是何也曾皙承言志之許而有言則以為言在志曾皙以異撰之見視三子之言則以為言在撰夫子其專取志乎抑兼取撰乎專取志（揉之變之）而三子者之言必有所待而後效一官之用必有所試而後顯一人之長當夫事權不屬其將何以謝人世惜也三子者之言撰而不言志也夫是故子弗之與也兼取撰而三子者之言用以經邦而可以富強用以華國而可以文物苟其得時則駕亦自足以建勳名奚必三子者之言志而不言撰也然而子故弗之與也此何如一間不能已于三子者出之後耳雖然志則存乎性分也而天

原評：繳用法力緊題

下無外事功之性分彼曾晳所言者志也而寔之為撰何莫非民胞物與之大猷撰則存乎事功也而天下無外性分之事功今三子所言者撰也而虛之為志亦猶是行道濟時之素願夫子曰爾以為各言其撰也云爾我以為亦各言其志也已矣志第分乎可

精湛剔透有神

大與可小而不得謂可大之為志可小之非志惟三子局于其撰

原評文氣雄健

未免識量之不宏要其才有所標即性有所近各就所近者言之正不敢以夸大者自誣其本性孰謂兵農禮樂無足關吾學人之念慮志第分乎有待與無待而不得謂無待之為志有待之非志惟三子徊于其撰未免襟懷之不曠要其事有所需即情有所般

各舉所發者言之正不敢以空虛者自滅其本情就謂春風沂水必一例夫儒者之指歸夫子斯言其有兼與三子之意欣然向非三子出而曾皙後款與發其言而不沒其志也

以健筆達其卓識有雲興海立之槩　原評

着眼人所不着眼處一經搜剔異境頓開寒香花蕊非尋常物色　沈歸愚師

三子者

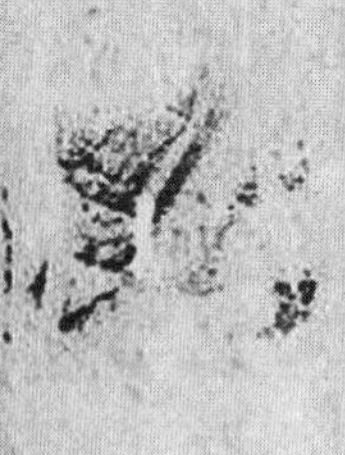

第一冊　卷三

三分天下有其二

徐葆光

得天下之心者、已不徒有天下之半矣、夫三分天下、文王亦安得有其二哉、惟歸心者衆、則不啻已過其半耳、從來天下之大、得全者全畧。安有得半而勢可中止者。況駸駸乎不止其半。則其事已成矣。而焉得猶取乎未成之號。而加之。乃謂文王當日已三分天下有其二、而此何說也、其先自邠而豳、自豳而岐。初非借避逃之名。為漸趨內地之計也。庸蜀羌髳分土亦犬牙相入。勞崖能借灃水而東注也。于難蜀山荒作亦萃望乎孫之謀而初無參大之辭。其後自岐而鎬自鎬而維亦非席殷墟之灰。為剪滅一隅之舉也。戡黎伐密專征非盡食

三分天下有其二（論語）　徐葆光

楨圖志直在齋洛水而東西也乎雖孟津大誓亦第稱四方之光而

不言其參謀之速故苟以地論則豈程片十尚非姬氏之私旅文王

且不得有其一而何有于二荆梁六州猶是商家之舊統天下初未

嘗分為二而周今有其三若以人心言之則固三分而有其二矣夫

人心亦未盡歸于周也漢湯流湎之習亦可自成其風氣其化行俗

定也當不啻于淵非麟趾矣若謂蘊然草而者兼收青翼之心則他

日無禪民多方所以不作且忠從獨應將類首而歸乎一人斷不止

于當日之三分也而冀猶得有其二哉惟是二老歸來從有同心之

父子而三風來移尚徐同思之若使其私為蟠結非小三仁輔相

六七王來民之洋也淵藪之逋逃以恭為刑理必以聖為仇雖而衆來奄嵩之黨亦自可以留其一綫人心固已盡趨于周矣朝歌沫土之鄉尤親罹夫毒痡其水火衽席亦嘗較切于江漢汝墳矣若謂靡劉師吏由人畏懲之外然游心者萃在荊豫之區則三州無離德彌勢猶足稱雄而角逐中原將迭進而收其全局尚未知為誰家之天下也而敢遽謂有其二三中資哉唯是億萬之衆雖不嘗棄河北而擬岐亦而矣一毋之歡已不嘗盡邶鄘而為二南其陰相歸附者非必待四海永清八百國會同之後翻手覆成殊丢也天下之歸心不與地俱來亦不與地俱去而洛西玉門之獻遂足以有其三分謂其日辟國百里以有此二也則文王且不得事殷矣

英思壯采輻湊駢集萬丈之燄十乘之光富于才調靡所窺測
金以人以文論亦夫人所能見到但恐才凡意弱必不能如此精
彩耳吳荆山
山川開闢莽蒼千里昌黎進學解玉川月蝕詩句句奇創雖多且
横詎可輕棄隨人作計屋下蓋屋雖進退不失累字省句多多聲
矣

三分六

三月不知　飲水

呂顯祖

嗜古而至忘味，可無慙于食貧矣。蓋區區飲食，夫子不為也，況有韶之足嗜乎。忘味已久，雖疏水又何慙耳。天下豐厚之境，非至人不能忘之；淡泊之境，亦非至人不能安之。蓋與豐厚于帝奉，而古聖以揖讓相推；莫淡泊于斯餓，而昔賢以苦節自徇。則知至人自有以深其嗜者，何至菅菅于飲食間哉。如夫子周流齊衛，或絕粮，或接淅，甚矣，簞瓢不得自娛，而羹墻堯舜之思未當一日廢，宜其聞韶而至忘味也。蓋自桑間濮上爭為鄭衛之音，亟飯三飯競作逋逃之客，而飢而念簫韶久厭飲渴矣。何幸而盡善盡美者洋洋盈耳也。按元音于正以

一起便縮首是

豁題入化

提挈收知繫是醒天今人眼

撩亂

映帶生妍

不啻太羹玄酒之遺何幸而如天如地者風〻入懷也想世德于重華儼然飯糗茹草之素乎月不知肉味子誠不圖為樂之至于斯也意以斯之善為人子故瞽瞍雖頑無損其孝意以斯之善為人父故商均雖愚無損其慈是不惟公其位于君臣而且不私其位〻〻〻萬世而下何竟有父子爭國而操戈相向者此豈獨聆簫韶九變而頑懦耶當亦聽西山一歌而抱愧矣夫周室之衆不必恥而恥之首陽之薇不必甘而甘之其讓千乘也與簞食豆羹無異言念〻〻瘵何忍復見衛事蓋是時孔子老矣自衛及魯惟有正樂一事發憤忘食而已向之皇〻遇合原非繫念于膏粱則有飫其香豈求精于膾炙

三月不知　飲水（上論）　呂顯祖

向之栖栖道途夫豈邀榮于晉國則酌彼行潦亦式燕于樽斝
食不飽權輿是嗟泌水洋洋樂飢可慕飯蔬食飲水古之賢人盡然
也又何怨焉是以啜菽飲水可以將父子之歡較之王食亦土而天
性已傷者孰勝抑播黍汙樽可以恭土鼓之舊較之大羅飾饋而淡
哇是奏者孰優彼肉食者鄙嘻得而辨其味哉故曰淡泊之境不能
安則豐厚之境不能忽輒以拒父得富貴不仁也亦不義也不以
奇得富貴義也亦仁也然而舜視天下如浮雲也
題緒紛然作者頗難融洽能以一氣揮洒出之淋漓奇肆變化無
端而映帶迴環處仍步步引針伏脉如此才情何止子建八斗　鄒

乾一

內味跳水不離闔合獨中間衛周夷齊等項義類絕不相蒙合頗覺費手此以慧筆抒其靈思段落脫卸能使題面鎔成一片絕無半點組織痕直是天孫機杼　姚襄周

映帶雅秀在在工緻天孫之錦女媧之石其不能融化者亦只是作意工緻作意能工緻便不易得

三月不　　呂

三樂也君　三樂　　呂葆中　無黨

樂終於與道而三樂皆為君子有矣夫以傳道為樂者此樂之終也
然至是而君子之所云三樂者始皆有之且夫生君子凡以為道也
其始也以道而樂究或以道在我而反不樂則又憂其後之無傳焉
故君子之道傳而君子之願畢矣君子之願畢而君子之量全矣然
則得天下之英才而教育之其亦足樂乎其無足樂也乃或者曰天
下非小故也天下之英才非數覯也今也幸得而教之育之將見道
經而坐者儼然南面之尊奉儒術而進者濟濟與駿奔之盛君子於此得
毋有傾睨自雄而為之驩然色喜者乎雖然吾知君子之非樂乎此

奚下文如較前

也使君子而徒樂乎此則爲君子所樂之事雖在三樂之中而君子樂之之心已在三樂之外也要而知君子之不爾也夫天生君子之爲道也則君子之所樂亦比因爲道也道在我矣循視其後而無人

串上二段略虛

焉君子其能樂乎道在我矣循視其後而有人焉君子其能不樂乎

映襯補綴千六頭下即只滑本句

然則君子之視英才同不異家人父子之間而其視教育也又不啻道德性命之事也故曰此三樂也一藉令君子而惟樂其尊己也與其有助於我也樂其道之廣而且有天下後世名也則君子之樂荒矣

又接天下

是其橫經而坐者雖口談仁義而終不去紛華靡麗之心奉觴而進者雖號曰師生而又不過驅駕鞭箠之術且誠如是則天下之可樂

有亦衆矣將見其外誘之紛然浮慕之忽起雖天倫之盛事且不足（回抱上二樂落下句）以娛其榮聖學之極功且不足以易其好況夫區區一二譽髦之士（如衆水會滙爲一大出峽）甚無關於輕重之數亦何足以縈君子之懷而使之怡然動色哉一樂吾觀於君子其所樂者亦歷歷然其可數並有樂之係乎天者焉又（總水中有側筆賓主）有樂之係乎人者焉有樂之在一時者焉又有樂之在萬世者焉吾（瑩然）無不樂也若是者何也蓋天生君子以為道也則君子之所與亦凡（結注通古）以為道也夫道有始於事親中於立身終於濟之其人則君子亦於有是三樂而已矣若同吾之樂止此矣雖有他樂吾弗敢知矣

波瀾迴合涯涓分明浩然中自生奇變　原評

有草舉之三有極數之三只將上兩節穿補反側而得氣脈古法在韓柳之間

三樂也

三樂也君子有三樂　　徐倬

樂得三而必以而全其有者可息矣夫英才居樂之一而處三樂之所由全也全其有者惟君子而其度量不更可息也耶且人必淑躬也而後可以淑世則淑世之懷來固必居其後焉者乎然而無容略也樂之遞獲者必有所待而始得其全而樂之既全者若無所待而更冀其有然後知向之樂猶處乎至虛而今之樂已徵于至實矣英才教育亦僅居三樂之一耳使一樂之所在而即以三樂歸之則是直是勘字本句不遺是偷題下句君子之樂有其一而遺其二也何以克諧乎其三也顧使三樂有未備而不以一樂全之則是君子之樂有其二而仍虛其一也不何

以適得乎其三也夫是以家庭之愷豫而又必以訓廸者廣其風
苟訓廸之未彰歟、、乎樂之不覩其全矣乎夫是以夙夜之雍愉而
又必以譽髦者明其數錫苟譽髦之有造幾、、乎樂之克覩其備矣
乎雖然吾恐遽擬之有三樂而合舉之無三樂也吾又恐悉數之有（緊快）
三樂而總計之又不止有三樂也則曷不仍觀于君子君子曰天性
（看他分筆處道是總敘本句不遺是迴護上句）
之樂吾有之而栽成之樂吾更有之矣肖躬之樂吾有之而式穀之（都為上句意）
樂吾尤有之矣雖欲于三樂之中取一稍緩者以暫置而君子固不
以一二端[illegible][illegible]止也即欲于三樂之中指一稍疏者以為後而君子
並不以一二端為獨重也蓋其或有或不有者樂亦常隨乎氣數而
（有此名理之言通篇）

倖見斤兩不前雖巧亦只代弄花手法耳

君子則惟有之以其心其可有不可有者樂又常判夫天人而君子則惟有之。急是以有者固有而不有者亦有也可有者固有而不可有者亦無不有也夫然後向之三樂云者虛迹之而一無所遺今之三樂云者又寔徵之而一無所失矣而此外寧多他願也哉

上句是數一端下句是舉全數三樂字同而義異兩邊斡旋極盡工巧

三樂也君　徐

于茅

新硎集 郝 筠

觀詩之咏于茅者而知民之勤於晝也夫茅之為物薄而用可重也於焉取之民之不緩於晝也已如此嘗思聖王在上其時蓂莢生芝之草菑凡在草茅者咸享無事之福矣然人知聖世之民多逸而不知聖世之民亦好勞其謀諸室者雖細務而必周其取諸原者雖微物而不棄也不觀豳風之咏晝爾乎前之晝也采蘩遍苧已經往返之勞矣則坐檐下以負暄初何妨酌酒稱觥樂餘間於卒歲向之晝也望杳瞻浦備極胼胝之苦矣則畏曉行之多露又何以腰鐮荷擔勤操擷於崇巘而豳民不爾也望僕夫而遠征若有取於更龍之刖瞻中原而躑躅實有籍

乎包鹿之資彼鬱然深秀而厥草惟夭者非茅乎羣然偕往而
薄焉取之者非于茅乎且茅之為物亦甚微矣既非若鹿野之
華嘉賓可燕又非若新田之芑軍士是資荒煙落照之間斷梗
飄蓬之外度不過與離離原上者共榮枯耳予取予求胡為者
即令取之求之則亦新蒸之屬耳則亦芻牧之需耳奚不可幾
之有乃豳民之咏于茅則有重而謀之者且有急而需之者致
誠潔者占用茅叶彙征者並拔茅所謀非不甚重而豳民之所
重不在此也謂吾儕小人不敢侈言上棟下宇矣而風雨所籍
以除者此茅鳥鼠所籍以去者亦此茅安得不珍重視之耶圖
不慮乎蔓之難而蹊勿許其徑之塞英英白雲之下其取攜有
不敢告勞者耳迺之綯也尚包茅土之胙也必分茅所需非不

甚急而豳民之所急斯有在也謂吾儕小人幸得值此歲晚務閒矣而所以希上古不剪之風者此第所以媲我公陶穴之美者亦此第安得不急切籌之耶取雖等於一編之菅而需更周於三年之外瀼瀼零露之間其荷負有不遑稍逸者耳蓋至是則卜其晝者更卜其夜而乘屋之謀關播穀之情切矣

措詞典雅最利小試

○○土地人民政事

江南嵗宗師科考取
入崑山縣學五名　王朱溥

歷舉諸侯之所寶而治國之要備矣夫土地人民所以為治之本也政者所以出治之具也于焉寶之豈曰無以為寶哉且人主撫全盛之勢而定太平之準非可以偏隅之見治之也外以張國勢内以固邦本定規模而次第布之然後立其基于不可動則諸侯之三寶其一在土地乎土地者百姓所安居而德化所漸被也使幅員未廣而蠻并蕭條僅足當雄藩之下邑則内無金湯之可憑外非大爭之相入何以樹門庭之衛嶽況土俠則所生者不饒而春畊狄斂之需必所入不償所出也地小則所守者未廣而渙號宣令之間必能矜而

大氣蓮勢

不能收也。我謂人主當有以寶之。縱不敢侈并吞蠶食之謀。而天塹亦號雄圖。地利堪憑。固國則尺土可不階乎。夫古之時。天子一圻。而夏后殷周皆規千里以自封。即今者七雄爭長。而泗上并于東方。諸姬前于南服。實由其有上游天府之勝。而莫予敵也。則土地者固國勢所由張。而何可弗宝。其一在人民乎。人民者封內所聚處。而政令所備及也。使戶口衰息。而民生凋弊。未足方盛世之富繁。則生聚且俟于十年。轉徙未來。夫七族何以作衆志之城歟。且人少則雖有河山表裏之雄。而土滿必為石由也。民寡則雖有月吉象魏之頒。而宣化莫為承流也。我謂人主當有以宝之。縱不敢有兼并封略之圖。而

涯波無際　有此形勢推論頗覺

一旅之衆可以與三户之存未可忽則民依可勿恤乎夫古之特夫子當陽而侯甸要荒皆貢生齒以拜獻即分者列國分争而三男之衆聚于臨淄七穆之豪雄于漢河寔由其有技擊蒼頭之衆而莫敢當也則人民者亦邦本所由固而何可弗寔其一在政事乎政事者不遺于遐邇而循洩于億兆者也使綱紀孝餙而近功淺效僅足補救于一時則上無以立官府之型下無以為子孫之守何以垂久遠之經歟且政息則大經已廢版圖雖在必至日蹙國百里也事廢則德目不張尺籍雖繁無以輯寧我兆人也我謂人主當有以寔之縱不敢有更張喜事之心而彝訓渴蕩平之極屛籓式鐘鼓之靈則政

本可弗立乎夫古之時王制聿昭而良法美意恆令朝野以從風乃今者德化未孚而周官良制盡廢于功利之圖王事寖微難返諸同倫之治我恐成法之不立而終歸淪喪也則政事者國之規模所由定而何可弗立之是三者而治道備矣

隨題成局極向背往來之致煙雲海岳晃蕩赤江筆所未到勢已吞也　李惠時

土地人民政事

洪晨芳

歷指侯寶皆保邦之實也夫地以守之民以聚之政以紀之侯之寶在此也非保邦之實哉且明王建邦設都其時膺展親非徒曰分寶器於伯叔之國也茅土胙矣錫以介圭民數登矣貢以方物政典報矣慶以卣瓚則所以經國家宗社稷利後嗣者咸於是乎在爾侯豈遂忘之吾言諸侯之寶三何哉其一在土地今者七雄並峙山東之國惟六顧三晉析而河山之險失夷陵燒而江漢之勢分猶日惴惴焉為築邑增陴之舉非策也夫先王之世申畫郊圻慎固封守帶礪之盟 世祝冊矣諸侯思之神禹鑄九牧之金

括地披河圖之府宜何如鄭重也寶之哉不為蠶食之謀寧爲鹿
音之擇藺緜保障亦聯以固吾圉已不然翦鶉首而錫符何以遂
啟西封伏龍尾而成軍何以竟亡東略盛衰之理可盡諉諸天命
沈○鬱○蒼○凉○
哉其一在人民兩周守府職方之籍難稽顧兩河之齒繁而耗於
歲三齊之戶衆而耗於兵猶日斤斤焉為料民出甲之謀非計也
夫先王之世幼有所長壯有所養版圖之拜咸登天府矣諸侯思
之九宗七族共璜弱而分領二女三男合瑤琨而考貢宜何如珍
貴也寶之哉惟鳩其集之維鳩其宅之蠏匡蠶績庶以撫柔此民
虞○渺○蒼○字○藻○不○安○折○
也不然賜玦兼軒何僅餘盧漕之七百濟江投璧何率保畀楯之

五行勝敗之機豈不存諸人事哉其一在政事今者東帝西帝游說之說日繁大約名家法家用而內政裂亦從人橫人於而外患生猶日沾沾焉為立綱陳紀之謨井制也夫先王之謨六府升於歌八政黍於範令甲之垂永固皇圖矣諸侯忠之於時熙載協七政於璿璣考禮正刑輯五瑞於烏帝宜何如敬愛也寶之哉銘聖謨於彝鼎凜大訓於蓍龜日至而登臺月朔而告廟先王先公之靈實式憑之矣不然璧馬入而之奇行非無穆考訪道之書瓚弁服而得臣賊猶有先君僕區之法得全者昌失全者亡其不為保世滋大之圖哉

閩文典制鈔

綴珠編貝之詞出以骨重神寒之筆允為經畬嗣音

土地人民政事　謝淑元

保邦之要陳其三知先王安天下之至意焉夫諸侯各有慶而同安矣土地人民政事有邦者尚知寶此哉乃天人主承帶礪之誓而勿墜厥基也撫鳩扈之命而休殘以從也讀宗魏之懿而毋存爾興也稽古先王設都建國樹以后王君公亦惟無封靡逸欲是為故能保世滋大祗承天休請陳不貪之寶為諸侯王正告焉莫寶於土地剪桐而錫以圭分符而予以穀敝器不敢愛俾爾侯各有寧宇耳所以苴茅胙土式郭版章赫赫乎偕天府球圖增重焉乃若溫原賜酒泉頒而強大思啟宇矣削蕞然濱名城而弱小靡

圖存矣登高而望九州之險不一姓猶曰表裏山河必無言乎然
而世守可懷也名山大澤不以封而井膏牧衍兼錫乃附有八門四
普齊孫[illegible]穆提其變
道里遠近必以聞而甸稍縣疆且奉彼湯沐朝宿縱壤異宜殷
戎殊索一聽職方形方之稽而提封百里聊固吾圉猶可數也而
誇祿入之富也已莫寶於人民服物以待匪頒亦門以資賜予下
目不敢玩願友邦欽黎獻耳所以拜圖登籍生齒殷繁廩廩乎爭
宗社鐘簴無恙焉乃者行說涖出郎甲而休養倦生機矣苦軍旅
罷轉輸而凋殘誰撫字矣擁度而籌百年之計莫如人十曰盛衰
仰伏聽自然乎然而盈數在握也邦人謀人之保居而係久譽髦

登大樂正有幹有年於茲土而一男戶口籍隸大司徒縱燕秦劉悍鄒魯秀良悉歸土訓誦訓之志不大詢衆庶克與守加斯堪統旅而計編戶之般也已冀□□於侯事幣重台貸賄之議屬厭來醉飽之戒嘉德無違心厥幾宏此遠謨耳所以朝、、曠台以紀告府以生萬民煌煌乎且震鰲之邑無恐焉乃者植緒豪恣兼并□綱紀寖微矣朝秦暮楚闕而縱橫滋甚矣入其國而失于之澤無復存者猶曰德刑信義典禮不易乎然而盟府世世藏也上和親康樂安乎為一書而發義宣風深衣袖馭朽之懼合乎德利用厚生成三事而耕籍教學畝歲時禍譎之憂甚發禁除慝稽其時

閩文典制鈔　一　與

協慮此功存其典亦修行入太師之掌而式欽彝憲將寧爾邦守土守民罔敢失墜也已此先王安天下之大計也何必別求賀哉鎔經義而鑄偉詞韓昌黎所謂橫空盤硬語妥貼力排奡也

下不尤人　俟命　吳大經

尤與怨而俱泯祇有命之可俟而已夫天下未有尤乎人而能安於命者也惟與怨天而俱泯焉則君子之居以為俟洵於易之外無他願哉今夫身世之間本自快然也無端而于人有遺憾焉則不能快然矣夫獨不思生人之遭逢固自有隱操乎其權者而卒無用營營者為乎是以君子當仰觀無憾之後俯察於人而亦無憾焉凡以安吾素而聽氣數之自至耳外此而涉于人世間者曾屑屑焉計之乎上不怨天君子亦可謂淡然無欲矣恬然自適矣慨然能以義命自安矣雖然世有冀望彼蒼而卒莫得彼蒼之眷

頤者猶曰此其冥漠不可知者耳若是有求于人而或其欲弗克遂也其願弗克酬也則不覺欷歔太息嘆所居之不偶悵我命之矣聊聞有從旁而進之曰盍少俟焉彼不頤也何也老人之見固已存之于意中也君子則何如念我之所以為窮為通似非人力所可致而不得不假其權於人苟此觖望之念所由滋也而君子則曰余之不敢望乎人亦俟之不敢望乎天也是故時而或窮氣數之屈也人無過也時而或通氣數之伸也人亦無功也而曾何介介於念我之所以為得為喪似非人事所能必而不得不委其柄于人者此憤懣之私所由起也而君子則曰余之不敢有未

披映自然

洽于下亦之不敢有末洽于上也是故時而得之矣或使之也而非人之一意也時而喪焉若或沮之也亦非人之有心也而矣庸鬱歟下不尤人君子之處心積慮真淡然其無欲矣真恬然其自達矣真慨然能以義命自安矣人將曰君子之正己而不見有人之可尤亦猶之正己而不見有天之可怨也如此君子之無求而絕尤人之端亦猶之無求而絕怨天之端也如此誠哉其不願乎外也君子乎果滌何道而胥快然無憾哉則吾得推言其故以當前所值之境而越乎其外有反若有不能終日之勢則由是而設一人定勝天之想萬一天不可勝安知感憤無聊之情不稍

八閩試牘 下不尤人 吳二

稍肰動乎然而有命在胡可驟而希之耶浩々乎俟時運之來會而天高地厚之中無在弗形其醞釀之致以當躬所遭之遇而馳心于外者反若有不能靜處之虞則從此而有奢望非分之蘄冀一祈獲難期安知憤時疾俗之私不隱々然萌乎肰而有命在胡可強而致之耶陶々然隨境遇而自安覺衾影寤寐之下無在弗彰其暢遂之懷蓋觀於居易而君子之行素也可知觀于俟命而君子之不願外也可知此其于人何尤哉不尤人而猶怨于天哉

標○華○名○通

要之命者非他屬之人命也即屬之天亦命也而俟命者亦非不尤人俟命也即不怨天亦俟命也独計世間怨尤之人每一

則中夜歎息不平及與之語。曰爾其坦彝以處僕泛泛何可平

而彼則反訕其迂而笑其拙也。嗚呼、此亦卒為小人之歸耳。吾亦、

奉教于君子。

聯絡有情理解亦澈

下不尤　吳三

下不尤人　俟命　　康儁

君子不以人易所居惟不尤者能俟命矣蓋我之不可必者人也而所可安者命也君易以俟之君子又何尤乎今夫遇合之故雖曰人事豈非天命哉其得則人之我予也而非人之能予我也其失則人之我奪也而非人之能奪我也是故人世得失之境不以擾志士淡定之衷而順則盡其所可知於已變則委其所不可知於天是以心無悲憤而中多恬適也如君子之正已而有所不怨也豈不曰我惟以俟天休命乎雖然君子之所能忘者天也而所不能忘者人也行可以孚冥漠而偏不足以恊輿望德可以感上

歲入惠安縣學一名

帝而偏不足以動公道可以回仁愛之天心而偏不足以弭纏
謗之衆口、意聖賢至此應亦痛憯於無可如何耳千秋之俎豆即
可以俟、入將來落寞之身名其庸有補於一時也乎然而吾知君
子矣君子其又不尤矣天非敢以無端之往來畀視乎群情胡推
求至隱而此念已化也入世之多旁觀者且為嘆息而以君子
是〻正〇之〇
自視反覺明〻有召之自我者而於人無罪也抑非敢以萬有之
可捐而托於矯情以鎮物胡遇人不㵞而此中胥怨也所如之不
是〻天〇
合局外者哉為抑鬱而以君子自視又覺隱〻有制之自我者而
從〇甚〇
於人無懟也夫制之自我則天也而命存焉所以昔之聖人流言

文情閒朗

致誚而几几赤舄遺陋已甚而不輟絃歌論者徒知高其淡漠之懷而不知其為達天之學徒知服其蒙难之貞而不知其為安命之素今觀君子之以不怨而兼乎不尤夫亦何往而不可者此其中誠有知命之眞焉而非故為是矯情也而要其所以俟命者耳固以居易耳忘心物外則日用之間皆為坦途坦則人雖投之以危机亦吾遲會之適然而吾可以不摇也惟有居之而已置身分內則俯仰之際皆覺甚寬寬則人雖倚天而迫之以憂虞亦吾特數之偶然而吾嘗可自安也惟有居以俟之而已噫古來之奸人詎倖能為吾道憂而不知其為吾命役耳能制君子一日之困而

虛靈

不知其為君子素定之命制耳是故氣運所存不能無憾或反出其人以與尹子爭然憤尤皆忘原自有主又覺在人勞而君子終遇時其然以為君子素位不願外之學而大異於小人也歟

英思偉論咄咄逼人至筆力之豪健非學古者不能

下不尤人　俟命　張翔

然尤人之心者有安命之學者也夫下之不得於人亦即上之得於天者也而尤人可乎居易以俟命君子豈有願乎其外哉中庸意謂夫人持躬涉世之間誰則不欲共得於人哉而獨是其才自有命爲不可強而致也夫以身處世而世恒不與我親者人也亦且以身用世而世偏與我違者命也惟以不可必之情聽之人而仍以消可知之命守之已如是乃見正己之君子君子之不怨天何哉夫亦曰吾生自有命在天吾亦相與安之耳雖然天可必乎哉必之於人耳而無如其不得於人也可若何非不令人與居

使融洽

提善

而已富貴貧賤此中自有正命要豈引為我生夙夜之圖天地鬼神君子固默贊之而無愧所志亦大奇矣然所志甚奇者所居究甚易易知簡能之理人與我同得乎天此即我之居業耳憂喜悔吝此際自有定命要豈引為吾心得喪之戚居易以俟命君子之所以不尤人者正君子之所以盡人而達天也豈有他故哉蓋道本於天而體於人故理至而私自化無所尤於人者自無所怨於天命稟於人而賦於天故天定而人不擾能俟命之君子即此無尤之君子此誠以時中而行中庸之道者哉

清利秀潔筆無點塵髫年得此當未易量

下而飲其　君子

歲入莆田學　第四名　朱揚元

射畢而禮同于初不必為君子諱言爭矣夫下而飲皆本于揖讓借是君子仍無爭也然即以爭言其諸異乎人之爭歟從來存誇人之見者必不能以善下懷勝己之怨者每不可以飲和則當決捨既飲而恭遜之容正未必其同于初矣乃于揖降之餘躋堂朋酒藹藹然猶存古長者風則情文脩至吾甚愛君子之無爭而轉樂君子之有爭也如君子于射固揖讓而升已吾聞天子諸侯之射必先行宴禮奏陔奏𧦝者何隆以遲也而大夫士之射必先行鄉飲酒禮必正必直者何整以暇也則君子于升堂之際雅歆揖讓

智題面合自大方

下字取徑甚別

從飲字翻入

亦固其所而第念勝負已分贏絀已判恐堂上布武者未能堂下接武矣頃乃從旁而窺之彼君子兮何善下也不遽飲也（而字）羞下而飲（欲飛）亦一揖校而又蕪矣觀德而久疎矣爭端固日釁也而不謂雍容揖遜之氣悉彰于射畢下堂之頃列國其又爭矣貫革其復尚矣爭競其靡有已也而不謂溫文爾雅之風克將于取觶立飲之時祇深繹易之懷不貿然而登者尤不率爾而降惟矢和平之念既耦俱之無猜者寧賓從之載號乃或者謂君子之飲也有示勝心焉而不知其下而飲也皆鳴讓意爲如此以揖讓而君子豈有爭乎然而君子矣必不以爭見也如此而揖讓而謂君子猶有爭乎

何妨以爭自君子也爭何傷爭然後見君子一向使君子而有爭心則謙抑之意始或艴然繼而淡然終且廢然也今則有加無已古先王序賓以賢之意其庶幾猶有存乎惟君子仍無爭念故恭敬之象勿怠之于繼勿惰之于終而仍等之勿輕之于始也則其婉而多風古先王序賓以不侮之意亦庶幾未盡泯乎敬于業樂于群而進退周旋毫無乖戾則其爭也品益高而詣益峻趨采齊行肆夏而兕觥其觩行見從容則其爭也德愈成而業愈懋藉非君子而其下其飲詎能禮同于初而一以揖讓行于其間哉世有能如君子之爭者而吾也惟恐其不爭矣

與挾矣復流宕又復精聚小試文之能事畢矣

下而飲其爭也君子

歲入興化府學二名　林時敏

下與飲復行以揖讓斯誠君子之爭也蓋惟君子為能以禮立爭之極故下與飲亦復如升也而行以揖讓君子哉今夫觀爭於射貴視其未下者如何耳而觀射之爭必視其未飲者如何耳至於（直提截上而意則旋繞上文）下矣飲矣宜無儀節之可觀矣然若此者吾意其人必非君子也君子則雖下也飲也有與未下未飲之時同其可觀焉吾求君子之爭於射既見其揖讓而升已夫其升也得與于祭者（補華妙解）不得與于祭者此也有君子也而甘于不得與祭者乎定人品者祈以必於斯乎加詳至於下則慢然與之下耳而君子未遽與下也更

其君有慶者此也使其君有讓者此也有君子也而不顧其君有慶者乎觀學問者必於斯乎致力至於飲則慢然與之歆耳而君子未即與飲也當舍矢如破之後君子亦必與耦而俟下消復讓登之時非復讓階之時乃君子則必揖之下且讓之下其下也一若讓登之心也一若讓階之心也當負勝既分之後君子亦必與耦而相飲非復當幅之時非復取矢之時乃君子則必揖以飲且讓以飲其飲也不失當幅之初心也不失取矢之初心也甚矣下而飲君子皆以揖讓行也如此獨是凡人處此其或射之勝也則必存驕人之心其僨負者以下一舉足而矜心生焉其授負者以

神注末段

飲一舉手而傲心長焉有若斯之矜傲不形而悉出以雍容揖讓之爭者乎其或射之負也則必有怨勝已之心其同勝者以下一舉足而忮心作焉其受勝者之飲一舉手而忌心起焉有若斯之忮忌俱泯而盡出以謙抑揖讓之爭者乎其爭也君子哉君子謙以出其爭之心虛以弘其爭之量雖射之勝君子曰得毋志猶未正體猶未直而幸中者乎其下而飲也益與（妙語）人爭謙心焉爭虛心焉遂以會其爭之歸敬以行其爭之志即射之負君子曰急反而正吾志急反而直吾體而庶幾中乎其下而飲也愈與人爭遜心焉爭敬心焉故觀君子之下而追計其升與射一行以揖讓而不

變君子已為天下立爭之準觀君子之飲而遡溯其升與射一出以揖讓而不渝君子已為斯世善爭之術夫然則謂君子無爭也即謂君子有爭亦無不可也

朗朗如玉山照人重規疊矩之中有文采葩流之妙非徒謹死法者所知也

下而飲

樓時敏

下而飲其爭也君子

歲試莆田
童生八名　唐步雲

讓有行於既射之後，故獨別其爭于君子焉。夫下也，飲也，射之後事也，而皆以揖讓行之，謂非君子而能有其爭者哉。慨自人心之易爭而難讓也，有時讓之行也，縱或矯之于初，而莫必于其繼，故爭之起也，縱或泯之于始，而難貫乎其終，果爾則前之讓，究莫捨其後之爭矣。使君子而亦有是，吾亦難為君子諱也。而抑知君子有不必諱者，則試于揖讓而升歷觀之，而或者謂君子之射，發彼有的，其爭在于中也；以祈爾爵，其爭在于勝也。方其初升之時，在未中未勝之先，何爭之有？自茲而後，而中不中分矣，勝不勝見矣。

脫御甚濃

中多而勝者每易驕中少而不勝者恒易怨得意而失意变雍容而為争戾也恐在是矣夫然則無争之君子其不為小人之争者幾何哉而孰是非然也不觀其下乎降階之際雍雍乎可風而可挹者不異初升之揖讓也争也乎哉更不觀其飲乎揚觶之頃藹藹乎有文而有節者依然其揖讓也争也乎哉（即上下句亦便）夫以能争之事易争之時必争之地而君子乃能比禮比樂靡不有初也而且善于其繼靡不有始也而且貫乎其終抑何其樂易如是哉是則貍首騶虞其争之節也采蘩采蘋其争之文也君鵠臣鵠其争于以辨名分也父鵠子鵠其争于以篤恩義也而猶曰争耶而猶曰有争

耶。雖然吾正不必謂其非爭也。亦第曰其爭也已矣。亦第曰其爭也君子已矣蓋使君子能以無爭見而不能以爭見則易時焉而乖戾之心形者幾疑君子之置身反隘有其爭之君子而君子殊自鎮定也抑使君子能以無爭泯一已之爭而不能以其爭息天下之爭則易地焉而凌競之風熾者幾疑君子之涉世徒虛別其爭于君子而君子殊自優游也蓋惟其融而化之養之者有素使其揖讓行于後者自不得悖于前允矣君子其爭中偏獨有學問亦惟其和而平之陶之者已久使其揖讓有諸前者自不致乖諸後展矣君子其爭中偏覘厥性情不然矯之于初而莫必于其繼

領取神味甚遠甚微

民之于始而難貫乎其終。下而飲也。將反于揖而升矣。何以謂其爭也。何以謂其爭之君子也。

原評

虛實相生一片光明錦也

下而飲　唐

下而飲其　君子

歲入莆田學第一名　陳永祚

即射畢之後觀君子、而如見其爭矣。夫揖而下也、揖而飲也、猶之乎揖而升也、于斯見君子之爭、于斯見君子之無爭。且天下勢之可以兩忘者情之可以兩釋者也。若夫勝負之勢既分而榮辱隨之榮辱之情既判而凌競隨之事有固然理有必至者而無所爭之君子異矣。彼之升而射而亦必揖讓哉。夫射爭之端也揖讓爭之反也。特此時中不中未可知。即欲爭焉乎見乃無何子〻矣。不遲下也階之東階之西而蓋揖者三讓者三矣而後下乃無何而飲矣。堂以上堂以下蓋揖者三讓者三矣而後飲。下者何降階有序

（批）上　以承上為縱上虛下得地步

詳核

也有勝者有不勝者群而揖群而下翩若班行飲者何升堂有別也勝者揖不勝者亦揖誰取觶誰立飲嚴若監史吾見其揖而下（補上完密）猶夫揖而升也無假貸無阿比想其處己之明功不掩□□不累（貴不分中）（字字光妙）其爭也強君子哉吾見其揖而飲猶夫揖而升也無寬恕無偏黨度其會友之善勸於前而懲於後其爭也仁君子哉非君子而安知射之有爭非君子而幾忘射之有爭蓋以比禮比樂之郊周旋類璧則當歎讓之閒發已戾氣悉除而絕無上人之意抑以采蘩采蘋之會折衝樽俎即其升堂之始又皆以德相尚而寧有求勝之心自主皮之風息而有脫側之席貫澤宮之化行而有與祭之

多士烏得從君子後與之俱下而飲哉射猶如此何以爭為

於平叙中出奇峭自闢户牖

下如授　　　　許虬

乎家不尚乎其去上也哉何矣夫執圭當有趨下之時然即蘇心者而以下堂之後見其如授耶且禮者自卑而尊人者也然卑故難所以表謙抑稍亦藏其已甚況所持者一人之德音所持非常謂之重器節或失之於過神其辟君命而頫闕靈不踰多乎斷乎詠去之容上圍如揖下復何如也夫國君平衡少下焉爲綏矣其間之大夫受之此非大夫如之何其綏之也乎下焉爲提矣其間之士授之與非上也如之何其授之也務見其如授焉爾乎乎與心孫之境知處堂之無可下也無去而存心乎下衡不平矣將因乎上而加以下之識有

不甚處乎上者抑由乎手與心齋之蓋亦夫子之乘會下也夫子為
奇章乎下濃其矣矣待彀乎上而始有下之形有不甚覺其下者學
觀欲積而受塞之歎幸居練太史覆者禮也夫子于此豈其務儀那
溪而樂之有如授其者焉有如授受者焉會觀埃命而繳上亦直命
受者屬纓以授賈人禮也夫子于此豈其埃命耶躁而藏之有如授
介者焉有如授賈人者焉其不知者以為此其授也其知者以為
此其下也昔者邾子來朝于魯魯定公受玉卑其容俯端木賜曰學
玉卑其俯一周以決其存亡徵諸受玉則執玉可知也噫如子
之下矣而不疑衛靈公之葉錫命于晉矣惠公執玉卑其贄惰內史

過曰執玉卑是無鎮也由是知其必亂矣微斯君則下人猶是也驕如子之下矣而不疑替乎蓋以為今在斯君在若吾之君也而可以下人主在斯國在國吾君之國也而可以下人主約畧計之如授而上矣

從平衡句翻之則上下二字分斷即帶帶上相形方是活句人與尋常作第二句題法有別　吡嶸先生

連發本句則其疑下矣雖帶上句看乃見記者合寫出綱平字本非下也綴之聯聯字俯贊贊乃欲本下者剔出來當下本非授也授字授使於上介授賈人乃欲真授者剔出如字今人有書者不

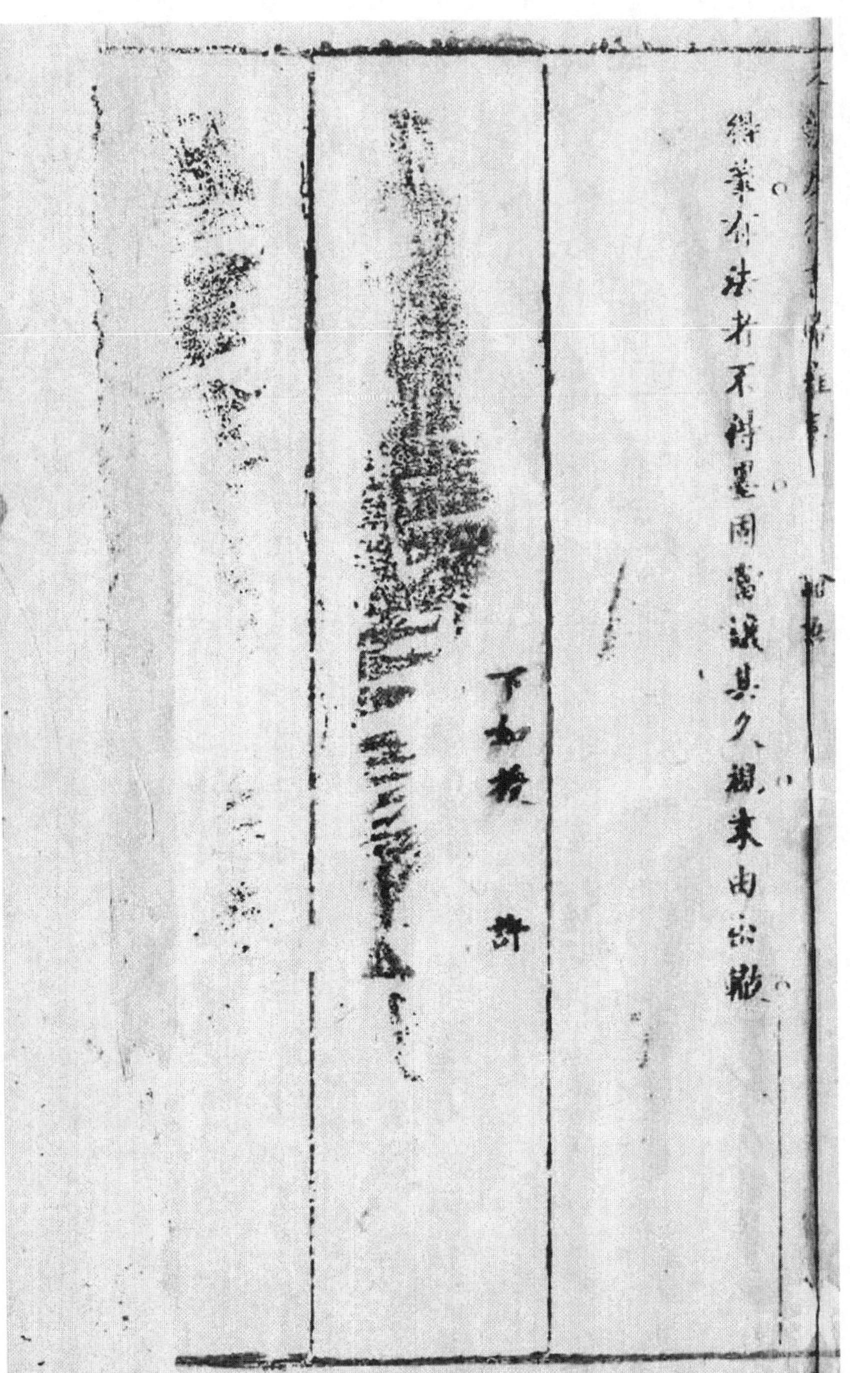

下如授　　許虬

乎容不過卑其去上也幾何矣夫執圭豈有怨下之時哉即齊心

耿切下字

者而以下黎之復見其如授耳且禮者自卑而尊人者也然卑收

雖所以表讓挹損亦戒其已甚況所將者一人之德音所持者影

朝之重器苟或失之于過抑其辱君命而損國靈不既多乎擬乎

鬆落　文案　天然為一下字作傚

執圭之容上圖如揖下復何如一夫國君平衡少一下焉為綏矣吾聞

之夫夫綏之此非大夫如之何其綏之也一再下焉為提矣吾聞之

士提之此非士也如之何其提之也一爰見其如授焉由乎手與心

木只形容平字　回合

齊之說知執圭之無可下也執圭而有心于下衡不平矣持圉乎

上句乃不死句下

上而加以下之號有不甚遠于上者抑由乎手與心齊之說知夫
手之未嘗下也夫子而有事于下禮其失矣特較乎上而始有下
之形有不甚覺其下者嘗觀啟櫝而授宰宰執圭屈繅左授使者

援据聘禮妙以寔事襯虛景

禮也夫子于此豈其啟櫝耶遙而望之有如授宰者焉有如授使

授宰與如字活

者焉嘗觀述命而授上介上介受圭屈繅出授賈人禮也夫子于
此豈其述命耶即而擬之有如授上介者焉有如授賈人者焉其

忽插二語縱寓虛景點前後借用實事相間為章法

不知者以為此其授也其知者以為此其下也昔者邾子來朝于
魯矣定公受玉卑其容俯端木賜曰受玉卑是近疾也固以決其

附會天然　陳云如授又妙用虛儗

先亡夫徵諸受玉則執玉可知也嚮如子之下矣而不疑俯昔者

襄王錫命于晉其惠公執玉卑其贊替內史過曰執玉卑是無其也由是知其必亂夫徵諸邦君則行人猶是也譬如亍之下矣而不疑替子蓋以爲圭在斯君在君吾之君也而可以下人乎圭在斯國在國吾君之國也而可以下人乎約畧計之如授而止矣

單發本句則真疑下矣惟帶上向看乃見記者合寫出個手容本非下也鰓之提之容脩贊替乃就本下看劃出未嘗下來非授也授宰授使授上介授賈人乃就真授者别出如字今人有書者不得筆有法者不得墨圖當讓其久視末由出轍陳師洛處處剔上句相形則如字便活死煞句下者安得如此出靈手

敏其借用實事法陣評曲盡其妙學者所宜玩也　趙星瀾

下如授

祁慶 晉江縣 蘇尚紫
伍瑒 重卷

授以擬執下而不下者也夫過下於執近乎替矣擬以如授不亦平甚乎大凡拱把之道欲孤深而無下迤也但其體處于垂其若（蒙拼入授別有思議）擬者聊體處垂欲張之使平者非準之以心不能也而以觀夫子之執圭豈特上如揖已哉試觀之於下乎上而有下焉勢也左之右之觀變弁乎則七寸在握受其升而安辭其降下而遠上焉亦勢也緼之淒之俯容替乎則十掌相揆易辭驕而恒難辭諂然則不觀之於下不見其執之平也不觀之下而不下不見其執之無不平也蓋從於授乎過之矣物必有所懸也而後墜泯焉下則幾（非想非非想）

幾乎不懸矣況圭又若欲墜之者乎援之以援懸己手得其身半取者乃仰而承之救者亦舉而驕之手與手和而相懸也是下是（是有仰解不在摘舉）援之間其神似焉己物必有所寄也而後標寝之下則幾幾乎鮮寄矣捌圭又若欲標之者乎絕之以援寄己手安其帶下綿者固（妙妙）持衡以明敬援者亦平心以鍾愛手與心謀而相寄也是援非援之間其形肖焉己下分上之半仍未遠乎上也承寡君命以來別（合上焉出平衡）無狹懷堪為桃李之救也藉此寸之圭與寸之乘而兩相持以蓋（間分援字都無俗思）之耳體局而用仰此一援携也而亦如此哉下合上之半非有閒乎上也備一介使以通亦何厚施足光壇坫之會也賴此圭之中

與手之平兩兩相依以獻之耳舉偏而量全此同服膺也而無不如此哉豈無低昂乎不見下則其上獨矣下而猶然不過上也何妨下乎此此一心耳不見授則其揖側矣授而依然不過揖也何分下乎其手與心齊之妙若此

妙緒

刻劃如字仍無一字與上句相混繪水繪風全是空中色相鶴灘見此亦當亟歎起予

下如授　　薦

下者為巢 二句　何焯

觀民之所以為居者而極無定之患矣夫下上之民猶當時之有居者也乃至于為巢為營窟焉非永患極而無定居之驗哉孟子述之若謂昔者帝當氣化之世水有逆行之患維時九載之積川泝沸四隩之民居尚無定則變遷其常以圖全于寢蓋陛陛而定也維帝之民固有居其下者地而為下亦沈溺之將時候矣然卒未為水之所都民姑舍其舊而托足焉乃積潤而龍蛇與處又將何道可免也于是援林叢以為依學巢棲以關遠岸不日有漂搖之勢哉而既無定居則亦繫為橧巢而自飄已耶雖其時上棟下宇已為民願其變

無如患之所迫寧爲其未處而顛也況介在沮洳此居正未可保而
俯仰周視無寧容敲動儆下
下者[illegible][illegible]之狀帝不已如目見之聖維帝之民固有居其上者地而
分承字之八細
稍上亦遵行之所或奠矣然卒不離水之所衡民姑即其新而望走
俯視為拯溺先逆旦頭之偏正與下節中兩層相對
焉乃宅曠而禽獸逼人人將何恃可樂也于是憑崕岸以就燥沼穴
處以深潛豈不反成逃匿之形哉而既無定居則亦競爲營窟以自
開中暖借高欲動
藏已耳雖其時茅茨土階欲與民共其安無如患之所及寧爲其上
處而病也況忽倚懷襄此居正不可知而上者其咨之聲帝不已如
收出上下二
清問之聖遠矣儆予以盡憂勤俾人以回氣化始待平土而居之也
守歸宿
蓋誠有不得已于民生者矣

隆慶間式進陳雲浦文託之于文格以傳然不顧民無所定來歷則難與下節得平土而居之句呼應且所以為巢與營窟之故亦未補刪故但存所用韓文二語 自記

本文上下字面只是極形無所定意見其一亂對下得居平土為一治如先生此文乃為呼應一脈然亂以當堯之時四字雖洪水為災不應任民窟處通其變共其安語既有體又為使禹張本詞采細膩針縷緻密轉舉雄奇固當超軼前後

下學而上　天乎　　傅鼎銓

聖人自信其學可以進人於天也夫託知於天豈非有自信之素哉而乃從下學信之也此人之所以莫知也乎夫子意謂人有求知於時之心以有矜異於世之學而刻厲修能以期伸其志氣時勢所遭動而得名以炫學顯達者有之而究非理道之安也我之不怨不尤亦既落然於天人之間矣所可自信者惟此學耳夫人所不知之地固天與人合離之際也下之遂於人情者為之而得其數之感則而道其下者多矣人所不知之際固天與我共處之分也事之近於久精者為之而有措物之業則學而遂其上者多矣以是求知安望其學也以是為學安望其達也我之為學不謂遂能窮天下之理也

所欲終符其間者倫物之事此以詩書禮樂之文輔其不逮難深者
古之情必非情俗者之所為也意未嘗狃於廣遠然以大道自勉而
倫物之內天理寓之我由此益欲我之為學不謂遂能立天下之命
也所以饜飫其中者性情之道要於逆順憂樂之交齊其物應雖勤
用我之懷亦非絕物者之所為也心豈必玩於高明然以年力有考
而性情之盡天命至之我由是進矣乃人之所以求我者或從其下
而疑之我之所可自盡者蓋有日月之能而欲望人旦暮之知固已
難也人之所以求我者又或從其上而議之我之所可相語者蓋有
躬行之勞而欲與人量之知亦非所及也知我者其天乎使我
學力未至而稱於人眷也則所求知之言也顧其生平之讀書欲由

人間道而謀雖非有離倫高世之資亦不敢隱其學力之所致使我之學術無歸而引天以絕人則亦懟尤之言也省其教勉之誠又欲人人以天自處雖未得功名氣數之偶亦何可悔其學術之所存逹天之知我與人之我知我學必有辨也古之人昭格而有簡在之心神明而有左右之能此天人之歸也非我所遣也然我謂我之下學上達可托己於天非我之所安也吾亦可深思於其故已

〔不下一字接語玄妙〕

〔筆筆空雋〕

同一理致而導次之譚過於二王椽者姿氣高妙也若此清深淡析一字堪十日思又豈江左清言所得方駕耶范麗誠

講上句深婉不得膚淺不得講下句牢騷不得玄妙不得此文字字切實字字清[illegible][illegible]行沙劃泥之中別具鏡花水月之趣其味

下襲水土　持載　　呂葆中（無黨）

中庸於天道之聖人而有以得地道焉夫仲尼贊天道之聖人也乃
章旨翻古有利
並襲水土而與上下同流則亦有以不特載者矣雖以仲尼為地道
也亦宜且自堯舜文武以來皆以帝王而與斯道之傳者也然於仲
本章現成議論
尼始不得位而斯道之傳往往在臣子而不在君父是亦所為地道
恰是題
無成而代有終者耶然則仲尼又豈惟上律天時已哉夫仲尼者天
道之聖人也仲尼而為天道之聖人則亦所為聖德巍巍而也不能
載也雖然天下不能容仲尼則莫若使之為帝使之為王使之為
奇論足驚衆實至理也
帝與王而備足以容仲尼則反不若使之為臣使之為子俾之以

二百餘年章章、炳然使之維持斯道於不墜也故吾又於仲尼而
得以憑焉今觀其環轍天下卒老於行其冠章甫也、以逢掖於周、
純以議論頌
可則去之魯於魯不可則去之宋之齊之楚也所云下襲水土者不
波作
在文章列右
其然乎於故曰此地道也而或者疑之謂夫聖人者與天地合其德
波瀾跌宕實以安頓譬如天也四字法參如此
者也日星嶽瀆之氣一有不備則聖人之盛德弗全高明廣大之德
一有未周則聖人之精神不著而謂聖人似其一或遺其二得其偏
不得其全豈然也哉然吾謂天生聖人其於憲章著述之原俱非人
之所及故雖身居下士之列而徇齊蓋世不得不尊之為天道之
聖人亦聖人之主於斯世其於制禮作樂之事皆非臣子之所為則

全以神靈之皇而奉法惟謹亦何不可目之爲地道之聖人也是

其知足以周萬物而馴務應變之間若有爲之範而不敢過焉此

也射水浮洌不傍識

而聖人之旁行而不流者也仁者之濟天下而仕止久速之際有以

任其過而無所求焉此亦聖人之安土而敦仁者也然則春秋之世

否此一傳蔡翦頹之陳終戮袁丘盤吉去

既有一聖人生其間矣即以仲尼爲天道之聖人可即以仲尼爲地

道之聖人亦可即以仲尼爲天地合德之聖人可即以仲尼爲天地

非義尤精

務勝之聖人亦可即先天後地以仲尼爲裁成輔相之聖人可即後

天先地以仲尼爲儉德避難之聖人亦可曷言之曰經綸天地之經

不待載而已

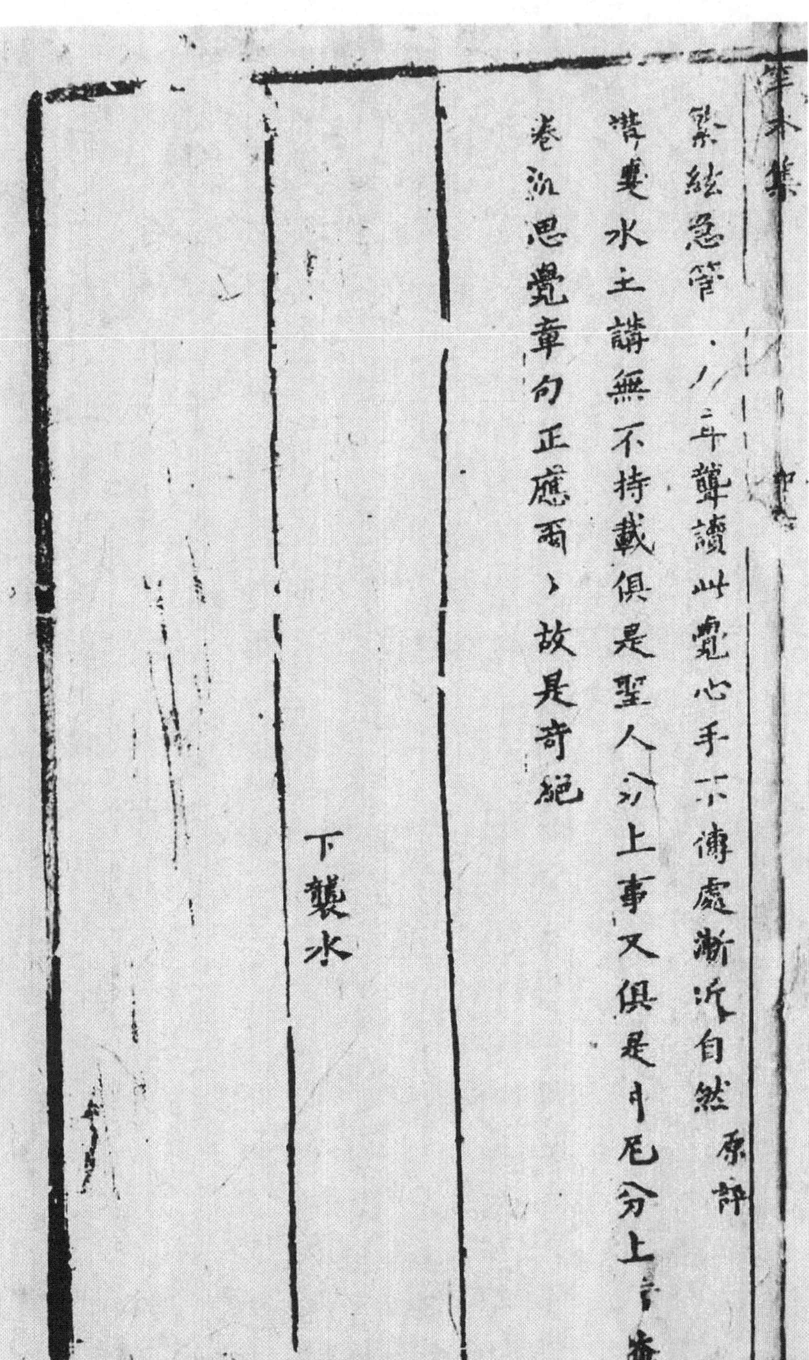

緊絃急管、八年難讀此覺心手不傳處漸近自然　原評

譜襄水主講無不持載俱是聖人分上事又俱是仲尼分上言盦

卷派思覺章句正應爾爾故是奇絕

下襄水

下襲水土

廣東吳學院歲入 龐 振
南海縣學一名

聖人一定之學又見於水土之襲焉夫水土在下固具一定之理也仲尼襲之無定者不依然有定哉嘗謂宇宙不易之理其確示人以簡者舉可體諸吾身作止之間特詣未極於自然遂無强附之而使協雖極有土之範圍而方輿隱為含撰即規汝止於華履而莫定儀若不達夫乃知寓不變於至變之中而仰觀而離窮者更俯察而有合也如祖述憲章之仲尼奚但上律天時哉一室而稽元象分野已該道里之全而流峙殊形有定域焉而不可易豈以時圓不滞遂足參造化之原乃歷騁而問津梁寸心若

勁氣直達

扣題緊貼

括囊以之少而行藏與用若一歲焉而不可移則當其變動不居
要自協靜專之體言有水土仲尼又下以襲之矣以水之流而不
水土是二是二作法最
息也發乎崑崙原乎天一有土以為受則流者亦止而不遷仲尼
浮
之出處有經非流而止之義乎彼夫別渭分涇既以殊途同歸者
字一是羣貴不法組織之工
著宜于不瀆而龍潛蠖屈即以安身利用者順體勢於無形極
斯世之變態紛紜何在不獲安貞之吉也無為者依附之神得主
大方
者直方之象此殆如衣有幅焉而裼襲不離也已以土之動而有
常也區以高下辨以身則得水以相疑將動者亦靜而至定仲尼
之進退有則非動而靜之機乎彼夫青壚赤壤既以各止其所者

與風氣之剛柔而章甫縫衣即以立不易方者應轉旋之規矩任
此身之錯綜參伍何不獲安土之敦也請百感而息之深〻仰
萬叢而履之坦〻山亦如古有制焉而沿襲卯替也已洪荒之〻
川澤未平堯舜作而四奧九山罔非循一定之版圖以神其刊導
觀義亦人所有而風調特高
豈開〻者善為創而祖述者不善為回乎雖韋布栖遲舉所為敦
敦土金石
土隨山一切無勞緯畫而即此推行盡利已不啻統禹貢一紀訂
夫佽從之經中古之世水土異宜文武興而大川廣谷罔非依于
易之體制以象其經綸豈應運者著其功而憲章者不克符其理
乎雖下壇蠶落問所為體國經野大都來及規為而即此神明默

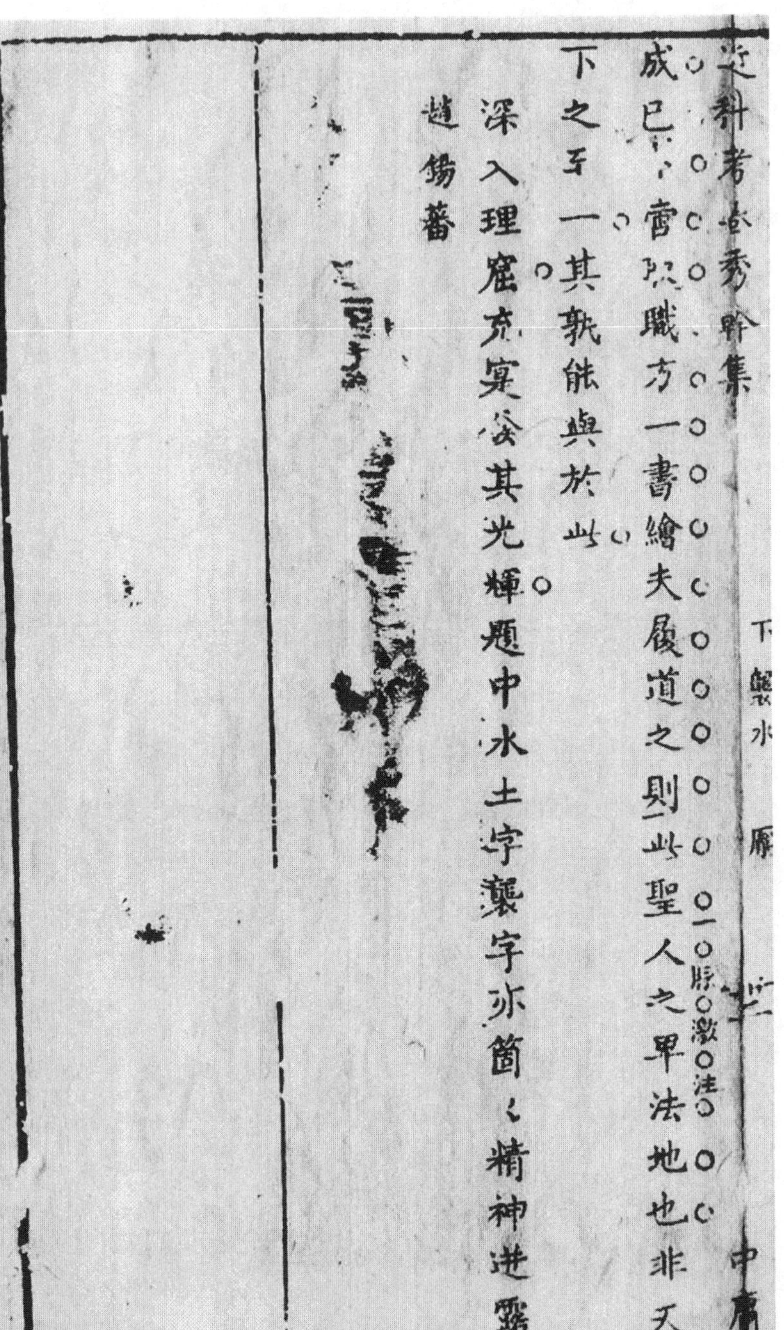

近科考卷秀吟集　下襲水　　中庸

成已之會於職方一書繪夫履道之則此聖人之畢法地也非天下之至一其孰能與於此

深入理窟充寔發其光輝題中水土字襲字亦箇箇精神迸露

趙錫蕃

大匠誨人必以規矩

壬申江南　吳思馨

匠亦以法為誨法誠不可廢矣蓋大匠之得名以規矩也豈誨人而舍是乎則豈徒教射有成法哉今夫大道者無形之規矩先王所設以誨天下者也而矜奇立異者每欲蔑而視之以師心為法（高唱入雲）（儒林雋望）於當世豈知法而果可廢也則曲藝者流其相傳以兢兢者抑何（別具風格）不改乎此度也試由羿之教人射而更觀大匠夫匠以大稱以能（寶劍出匣）神明於規矩之先變通於規矩之外也而其誨人將何以哉運斤成風雖於先或具化裁而實於中不稍損益本其所自為者以為其化導而一成不變法之所以範圍莫過得心應手雖于外若顯

神奇而實於內不稍背棄因其所已得者以要其萃從而至當不易法之所以曲成不遺甚矣其以規矩也其必然者也天下有不

始傻

必然之操作強設以方斷難協斯人之願而居肆成能若規矩則

鶴摩空而下縣

知者創之巧者述焉存之故府考工之成憲彰彰耳倘必任爾偭越吾知課匠氏以成功必先有苦束手而無策者其何以為執技

桂林一枝　木他人

呈能倡也闢新奇以授業大匠窮而大匠之誨人益窮天下有不

抉先

必泥之彷摹姑遵其術斷難以為久遠之譜而閉門可造若規矩則因天成象因地成形命自虞廷司空之典則懔懔耳倘使縻爾準繩吾知向冬官以攷績必早有非代斲而傷手者其何以為飾

材庇工勸也窮謬巧為薪傳大匠悞而大匠之誨人尤悞是故遊大匠之門不無有好高之氣而大匠必以規矩折之若曰此高曾所留貽也吾服習而遵守之多歷年所矣而乃今始運以匠心也要不必以矜高者逞其獨造之私而破觚為巧為大匠之徒大抵多過聆之願而大匠必以規矩約之若曰此童子所肄業也吾與居而同遊者寔繁有徒矣而至今各著以匠巧焉又豈必以炫異者矜其獨得之秘而利方為圓或泥規矩而鮮通大匠未始不憖焉憂然憂之而不能易之故制器尚象以來雖巧踰公輸不能出私心以授受或棄規矩而不用大匠未必不赫然怒然怒之而不

巧取下亦字

若長風過籟

墨評　孟子

一能改之故因心作則以後雖聰過偃師不敢外成法以傳心曲藝

且然彼欵人而自藐其法焉又烏乎可

亦朴實亦風華骨格異人飄々輕舉　張恪仲

火候已至十三分渣滓去而清虛來此境正非易到未許俗人

問津　汪宗彝

不專鉤心鬭角自爾中矩中規所謂平矜釋躁者此也　汪章彝

大匠誨　吳

大哉聖人　三節　周鍾

聖道無不備極言其量之弘焉夫盈天下皆道也歸于聖人而始塞洋
洋優優寧復有涯際乎中庸論大孝則稱虞舜言制作則述武周揚則
德則頌文王若是乎道之統盡歸聖人矣夫使聖人之道秖在一身興
一物則所及者有盡而所被者有窮否焉嬪觀于天下而知羅天地之
落句有神
間時是也大哉道先聖人而存則有以開貞元之運聖人繼道而起則
有以盡輔相之功道之靜而無不藏者在太極生天之日道之動而無
不備者在聖人成務之時故無在不可以見聖人即無在不可以見道
也從其大言之洋洋乎庶類之所以萌動萬物之所以長養靡不資息

于氣化而竟其極○地不敢有其功盡舉而歸之天○然非有聖人焉為之

發育峻極答是言

道大塞○滿廣遠無○外若說聖人使○他發育峻極○則下面待其人而行

授時察象分政命官則災沴何由息天札何由消此非陰陽之偏有其

苟不至德至道不凝都○說不去矣○

能可知也○迨今清明不改品物咸遂人亦習安乎下而不覺耳試一察

焉○萬物之中各具一天○莫有不溥道根之磅礴如此其廣也○物所不至

而○天○至○之○天○所○不○至○而○道○至○之○其翔洽滲合紀極也○然從其小言之○優

優乎○貴賤之所以有章○親疏之所以有辨○靡不範圍于經曲而推其類○

禮不能不本于天○乃散而殺之于物○使非有聖人焉為之明微剔纖者

憲貞度○則上下何由定○幽明何由理○此非儀文之繁有其制可知也○迨

今典則森嚴○亨嘉好會○人亦久非于寔[illegible]矣○一察焉百凡之樂

爲名一性未有不與道俱之昭著如此其家也禮之所不能盡而
也三百之所不能盡而三千盡之其充周有閒隙也哉然則物非從
于天乃從于道也道無名象著于乾坤而有其性情著于萬物而有其
蕃變道日示人以顯而聖人因有經天緯地之功然則人非制于禮乃
制于道也道無方體麗于君臣而有其仁敬麗[illegible]而有其孝慈道
日示人以道而聖人因有典序惇庸之化也由斯以觀聖人之道顧不大
哉

首節說道不是說聖人盡道洋洋兩節猶費隱章之大莫載小莫破
入聖人在內便侵涉下文矣 錢青臣

大哉聖人之道　威儀三千　戊子　徐用錫

聖道無不在、合天人而見其大焉、夫有所不在、即非道也、觀聖道之洋洋、優優者、而孰能自外于道乎、且聖人立教、亦欲天下由明而誠（一起通章大意）以盡乎道而已、然不知道之所以為道、則將備於品庶之中而無乎覆載之大、即術術焉不敢顯悖於先王之制作、而終與道無與也、雖然、即是以觀而道已可覩矣、夫聖人與道爲體者也、由今以思向有大於聖人之道者乎、聖人所存者天地之心、隨道乎於穆不已之源、聖人所為者天地之事、無微乎蹤形惟肖之實、聖人之道即天地之道也、洋洋乎其流動而不可禦也、充塞而不可間也、聿觀于物聖（不）

中庸

首以曲成之而不知道自足以曲成之也顯諸仁藏諸用雖屈伸
同機而無非所以遂其生蓋至理運於不息萬物亦莫知其所為
備焉物皆道也天下之有形者莫之外矣聿觀於天聖人有以彌
綸人而不知道自足以彌綸之也元亨誠之通利貞誠之復雖混闢
不相假而無非所以神其用蓋一元貞於不散天亦莫之致而致而
蓋天地皆道也天下之有象者莫之外矣今夫天高地下萬物散殊
而禮制行焉吾人見道之優優然充然而有餘也自其委曲善入而
無微不至也似不可謂之大也然其纖悉必周而取之不盡而得不
謂之大哉禮儀至三百焉所謂經而等者其大不可損如是乎下威儀

至三千焉所謂曲而殺者其小不可益如是乎說者以爲聖人坊民
之僞而爲此以僭之於大道也然習情盡慎而始順乎人事之常有
一氣排宕義理具備古文奧實
美而文而始則乎人心之安不由其道雖至父子君臣皆爲虛縟而
無以見民彝之正克遵其軌極之周旋裼襲揖下降衰而遂以爲定
命之符蓋天秩天叙之不可踰不可不及者而豈聖人之作而致之
也哉是知道也者品彙之根柢造化之樞紐聖人不得而私之但不
能以履中蹈和貴道爲位育之功道也者宰制乎群動經緯乎萬端
聖人不得而專之但不能以體信達順委道爲憚庸之舉豈不存乎
其人哉而道之不可離益見矣

徐瑩長稿

中庸

理精而不腐神渾而有光能實能空自行自止此今日之震川思

泉也從中乎

樸實精醇氣復古學時文則傳鎔泉古文則曾南豐

○○○大哉聖人之　凝焉　馮夢禎

聖人之道之大、惟聖人能行之也、夫無外無内、聖人之道大矣、苟非其人、孰能行之也哉、嘗謂聖人者道之嘗也、聖人生天下之道寄乎

○識○待○字○便○并○發○育○不○至○德○至○道○不○凝○意○○○○○○○絶　不空衍

聖人、聖人未生天下之道待乎聖人、大矣哉、聖人之道乎、士何言乎聖

首句解云即○下意見大哉

人之道之大也、洋洋乎流動充滿、無限量焉、太極之真、變化乎品彙

解○謂○是○于○書○非○語○脉○吾○謂○似○于○書

之繁、於穆之精、貫徹乎貞觀之表、蓋萬物生於天、天生於道、俯而發

○直○識○錄○也○○○○○○○○將○洋○洋○二○節○收○入首句中

育、仰而峻極、愈合愈大、無非道矣、何如其大哉、優優乎散殊充塞、無

閒隙焉、帝則之精、綱紀乎人道之始終、天真之懿、經緯乎人文之脉

○○○○○○○○○○○○○○○○○○○○

絡、蓋道生禮儀、禮儀生威儀、經而三百、曲而三千、愈析愈多、無非道

（評云又喚一句何等警振）

矣何如其大哉是道也聖人之道也天下有聖人聖人之道行天下（即弁）

（籠句不至德至道不凝意）

無聖人聖人之道不行自有天地有萬物以來道之洋洋者常在也

（綜定首句）

而不常行也必有聖人出焉一人建中和之極而天地自位萬物自

育發育峻極待斯人而行也已自有禮儀有威儀以來道之優優者

常在也而不常行也必有聖人興焉一人履中正之位而五典自敦

（首尾融洽）

五禮自庸三百三千待斯人而行也已何也聖人至德也聖人之道

（綜云語意已盡將收故曰節作結）（將來節收）

至道也有至德而後可以凝至道也苟不至德其如至道乎哉信乎

（在待其人節中）

道之待人而行也

說理之文却筆無點塵義門謂此是具區稿中第一篇文字　總

不将首節空衍。却将洋〻二節俱收入首節内。中間再喚醒聖人之道。以首節為線渡至待其人節。并籠起末節。說待其人處。仍縮定首節。篇末以末節作結。亦就首節釣清至德至道。最合此題作法。若将首節空衍二股。然後再實講洋〻二節。則上三節講得太多。後幅必不能從容自如。種〻不妥當矣。待其人節是總結上兩節。故曰節所以申明此節。乃是一正一反。此文将待其人節重發。却在過處将末節意一并籠起。故不似題在待其人節出住。前半将首節一句點洋〻二節。則用實講。後半重發待其人節。末節只趂勢作結。最得詳畧之宜。首節空衍既非。末節多講亦非。

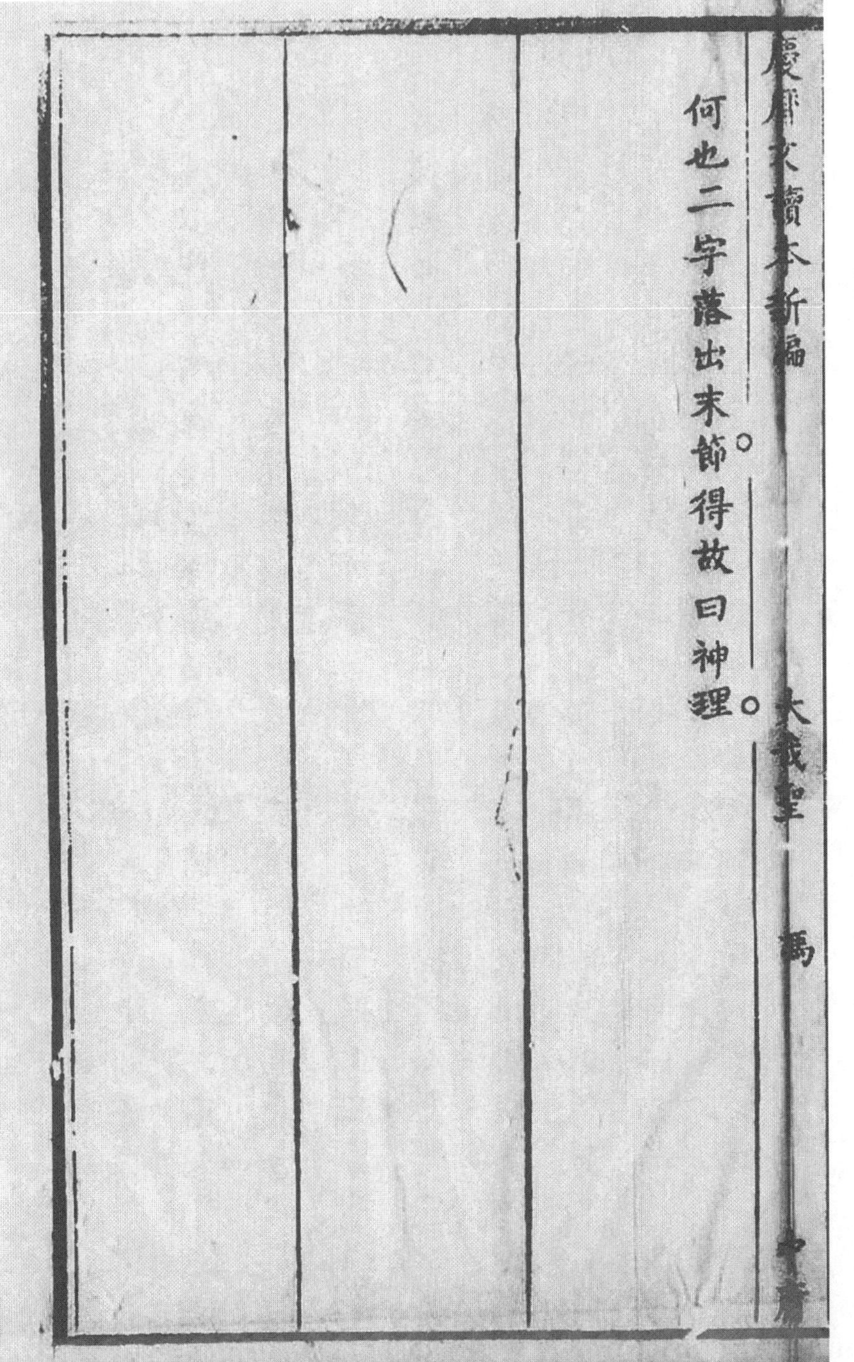

何也二字落出末節。得故曰神理。

大哉聖人之道

達道學館課　姬等八名　陳文炳　其東

中庸以道屬聖人而嘆其大焉蓋道倫于聖人則道為聖人之道矣中庸故穆然而嘆其大乎子思意謂吾嘗言君子之道費矣顧自其散著者言之則道之為用費自其統會者言之則道之為量大惟費故大也而君子之道即聖〻之道矣何則天下之名不一端概而言之則曰道古今之盡道不一人統而名之則曰聖道自皇降以來聖此道人亦此道〻非有私于聖人也而聖人獨能統乎人之道以正其宗而芭符未啟早挽㷀類而握其神靈即在率性以後道在聖亦在人道非專屬于聖人也而聖人更能統載

天然來脉

志子之一節章本旨

語〻關鍵

之人以立其極而廣博靡遺直合群倫而歸其至盲吾蓋觀于道
而不得不屬之聖人也觀于聖人之道而竊嘆其大也凡物之囿
于有者不可以為大謂其滯于實也聖人之道何所滯乎當夫文
兩概看空
明既啓道初非惝怳而無憑而仰之莫窮其際探之莫究其端合
函蓋下直熟精開
古往今來之數有為道之固然有其道之當然而莫不相忘于聖
人之道之自然則所為發微而不見者而化一神而道遂處于不
可測凡物之淪于無者不可以為大謂其遁于虛也聖人之道寧
有遁乎原夫易簡初分道豈有形聲之可索而無一端之可指實
無一端之或遺舉俯仰上下之間有聖人之所為有聖人之所不

必為而莫非出于聖人之道之所為則所為充周而不窮者彌綸布濩而道遂極于無可加道先聖人而有似道開聖人聖人爲道之宗似聖人開道而要之聖以道顯道即以聖傳一聖人獨任一道而道微其萃數聖人共明一道道亦不虞其渙聖與聖相維于不墜而顯仁藏用道之無不周皆聖人之道無不周也夫至于無往而不周而其大豈有涯哉聖人未生以前道于何始聖人既往以後道于何終而要之道自聖人始亦不自聖人止世有聖人而道燦若日星即世無聖人道亦常懸天壤聖與聖更渾于莫必而高瞻遠矚道之無不存即聖人之道無不存也夫至于無時而不

存而其大豈有止哉大哉聖人之道乎吾溽進而徵之

題神注在君子發揮透亮語不離宗力大心細之作 原評

大哉 陳

大哉聖人之道

達道臺試取一等十名　陳廷鑛　尹涵

聖道有莫可測者為極贊其大焉夫道體之大非歸于聖人孰與盡其量也故中庸贊道而以聖人為極歟且道為天下之所同如使持域外之觀以為非神靈必無以相屬恐修言夫道而道或因以益隘矣不知開乎道之端緒自能窮乎道之規模驟而思之已若非意計所能量者為其原莫得其量之者也若是者其惟聖人之道乎耳目之地皆道所見端則歷其途者孰不驚為浩博之然浩博之中無以統承之緒蕃變不窮要亦虛懸而莫寄宇宙之間皆道所散著則須其范者未足以為恢宏也苟恢宏之內有以附

嚴之將範圍不過何[illegible]稽何也盈于兩間者則為道卓
乎古今者則為聖人離聖人而無以驗道舍道亦無以見聖人也
大哉其聖人之道乎極條分縷析之能謂道于彼于此或有離合
之處是淺之乎言道者終不得謂聖人之道也聖人之道則脉無
不該幾乎擬議之俱窮焉蓋道原于於穆既有顯設而難誣之奇
于聖神復有相承而不墜則不特于至精至微中見其大即共見
共聞中亦形其大也曾是聖人之道也豈復可以涯涘測之也哉
存迹象畛域之思謂道或全或偏不無異同之判是隘之乎言道
者究非為聖人之道也聖人之道則用無不周義于言思之俱鑿

焉蓋道呈于微妙罔闡乾坤未有之奇道付于純全又建人世非常之業則不特于高瞻遠矚中知其大即庸耳俗目中亦見其大也會是聖人之道也豈徒可以意計求之也哉然則大哉一理之所彌綸瀰不遺而遠莫禦者道也吾即以見聖人也夫道體之周流何人不在率循之際而溯原探本流以聖人屬之若聖人與道有合而為一之勢無岐而為二之形舉凡世之重言道者為企其高深終欲遺乎聖人而不得也是重道同以重聖人亦渾然皆為聖人之道其全量無乎不包焉已矣大　氣之所鼓盪見乎隱而顯乎微者道也吾即以天地　也夫至道之爍陳無人不與知

能之習而分明鄭重且〻其人〻之若道于聖人有引而常伸之趣無界以自狹之情舉凡世之善言道者為指其曠遠終欲越乎聖人而不能也是道在而聖人亦在遂合之見為聖人之道其妙用無乎不彰焉已矣吾蓋觀于洋〻優〻益知所謂大矣

通體恬適後二比更能將道與聖人連環播弄游刃空虛還去而奧不傷高手也原評

大哉 陳

大哉聖人　四節

廣東惠宗師歲覆　張翥

恩平一等一名

聖道合大小以成其大而重有望于行道之人焉夫道之大必歸諸聖人而道之行亦必有待于聖人也洋洋優優大哉道乎能無待于行道之人乎且道之大原出于天而道之大統屬于聖聖人

涵蓋乾坤之筆

者居道所由循也而亦道所由行也顧使聖人之道其量未極于彌綸無外未見其纖悉不遺則道亦偏而不全而斯道之行亦不必專有所屬矣一大哉道乎得不歸諸聖人乎一聖人不世出而道自

章旨言人道原歸重君子尊聖人上題前先伏得妙

垂之千古其充周宇宙經緯萬端者本人人可以共行而聖人豈必獨私其理乃道無所不寓而聖人獨綜之一身其擅位育之能

大科考卷　中庸　柳峯書屋

弘制作之事者必待聖人以立極而斯道始有以彙其全則甚矣

道之大非其人莫與歸也吾何以擬其大哉蓋嘗術察乎物仰觀

擬領一段全神振動

乎天博稽乎典禮之垂制析乎等威之辨竊嘆古今來惟賴有數

人焉盡曲成之量弘參贊之功勝創制顯庸之任而倫于聖人者

且行于天下詎不大哉洋洋乎納萬物于在囿與彼蒼為等倫極

承上伏下無一筆呆

之無方無體之境而道行乎其間焉發育峻極大哉道固如此其

布濩矣優優乎禮儀之盡制盡倫威儀之有條有理極之至精至

密之中而道亦行乎其間焉三百三千大哉道又如此其周詳矣

而謂非有行之者而道不幾虛而無所統乎謂非行之者有其人

而道不幾虛而無所寄乎然而道必期于行也行固無所待也必其人而後行也其人則有待也待其人而後道之極于無外者以行以類萬物之情以體天地之撰為位為育洵有賴于是人也而（總結上兩節併綰下句）聖人之道以行焉而發微其大而待其人而後道之入于無間者以行釐定禮儀之常窮極威儀之繁為經為曲洵有賴于是人也而聖人之道以行焉而發顯其大夫以洋洋優優之道必待其人而後行其人不甚重乎其人何人即聖人也即至德也而繼聖人而起者能無望于君子哉（結出至德句）

力大氣雄脉精法密即起震川思泉為之無復過此　張魯璵

六科考卷　中庸　大哉聖　張　四

六科考卷　中庸　大哉聖　張　四三

此等題。止宜從聯絡合縫會意。先輩大家每爾。朱夔一

大畏民志

王之醇

德威惟畏，畏之大者也。夫民志之偽，以其無畏也。上大畏之，而不有以使無訟乎。傳者意曰：民之誣上也以辭，民之自罔也以志。辭見於外而可辨，志伏於內而難知。是志者，無形之辭也。此其轉移之機，豈法吏所能勝其任乎。夫惟明明德於天下者，深宮祓濯，不留內省之慾，則清明之體立；大廷嚴肅，不開指示之隙，則化導之用彰。由是德意遍孚於兆民，德威深入乎隱志。向也多方回互而自匿者，民志也，至此則竦然感格，覺光天化日之中，何所容其曖昧。向也甘即冥頑而不動者，民志也，至此則瞿然向化，覺洗心滌慮之晚無敢肆其譸張三代治化雖遠而孝弟忠信之彝原屬斯民所共秉彼其匿情罔上非真素志也一有以作其天良而姑名凜賢者之知衾影有神明之鑒苟不思自愛縱倖免刑罰而愧屋漏者莫逭矣誰非君子而甘為小人乎其畏也方寸之糾虔有倍嚴於訊鞫爾叔季刑獄日繁而仁義禮樂之教原屬生民所寤思彼其飾詞誑聽非無慘志也一有以懲其夙習而長吏之耳目可塗幽獨之肺肝如見苟不克自新縱倖勝目前而負君王者莫償矣誰非良士顧獨為勢民乎其畏也清夜之內訟有更察於吏廷爾蓋畏者民之志所以大畏民志者君之德畏入於志則回適皆

變為光明衣冠而畫之民莫敢犯也比户可封之世豈復有梗化之頑民哉志定於畏則險健皆還於素朴甘棠（風致）猶愛之况吾君公也刑措不用之朝豈尚有好（纖脉）訟之奸民哉是知為民者革面為下革心為上而君人者正物（大路）為後正已為先觀於民志之所由畏而夫子使無訟之說誠非無本而云然矣

秀而蒼豔而冷老桂山頭吹古香　華豫原

補出明德既明知本意自然透露造句堅凝風神搖曳態次倭之匠也　蔡一帆

句句醒上使字句句逗下本字只緣於註中明德既明四字不肯鶻突過去也眼高骨貴一空前後作者　蔣子宣

王鶴書時文　大學　生水草堂

大國地方百里

朱宗師歲進選 潚縣學三名 鄭材

欲明班祿之制者先及大國之地焉夫國固不一矣乃大國之地方百里此孟子所以先計及之歟且自羣雄戰爭而開土闢疆矣國多及千里矣此豈周室之制乎然列辟之隱員難憑王朝之版章有定緬懷往古靜驗大邦而分茅胙土其地之廣遠固有可考而知者知天子之卿大夫士其受地既各有所視已頒地皆祿之所從出也欲明班祿之制拊表封國之經輞是先有懷夫大國國大則其地必廣而先王於大國若有不欲太過者焉國大則其地宜多而先王於大國又有不敢不及者焉何也蓋地方百里云

且夫百里何自昉哉斝稽井田方里为井十井为通十通为成十成为终十终为同同方百里此百里所由来也夫同有此不见先王封建之善哉独是大国之封亦多矣在昔成周广定之年下车封同姓者五十若鲁若卫之国其较著也至若异姓友邦冢君宋为神明之胄锡以睢阳之地即山东诸侯齐为大穆陵無隸落繹负广而锡壤之殷圉撥不越百里者近是岂如今之尾大不掉变乱王章乎吾观汉阳诸姬皆为蚕食洹上诸侯几为消尽且也秦拥雍州之国晋恃山河之险争城争地彼然侈数拓之大也哉然大国之地虽诸侯乱之而百里之制实先王定之想先王封建之

意若曰尔大国若非地方百里則田賦所出井里所供将有不給
于國用者其何以为百官有司之需是以百里之地無容減也先
王封之之意又若曰尔大国既有地方百里則幣帛所將貢賦所
出自有以以準乎国计者又何歉于内府外府之藏是以百里之
地無容增也何也百里中公田三万二千卿田三千十二百遍而至
于大夫士亦莫不有畝可計皆此大国班禄之畧也吾嘗聞之矣

大国　鄭

參大宗師原評

大德敦化

有大德以為本而化不窮矣、夫天地之化、何以日流而不窮、有敦之者也、敦之者大德也、且夫化育之流行也、使必一一而為之、則亦勞而易澌、乃未嘗見其有為之跡、而隨其所資、罔無不各足乎其分、則非有恃源而往者不能矣、彼夫化之不害不悖者、是小德之川流者然也、一事而各具一理、一物而各有一則、彼此不相假借焉、可謂分之極其精矣、夫其不相假借者、必有無待于假借者也、前者未嘗反顧于後、後者未嘗取資于前、迭出而無所止息焉、可謂歷久而不澌矣、夫其無所止息者、必有不能止息者也、吾蓋

王蒻林四書集　中庸　戊子

由其並育並行之際深察其所以然而知其渾淪有大德焉行生
無一息之容閒
亦百出矣乃健順之精其一而不貳者則非行生所能散任天下
積在精無無餘無欠
之形之色之各分取其所有餘而不貳之理究未嘗有纖毫之闕
無一息間斷
也則其充塞者大也化机亦迭運矣乃於穆之命其誠而不已者
則非化机所能盡任天下之紛綸萬變各自盡其所始終而不已
之命究未嘗有頃刻之間也則其綿亘者厚也此其空洞無倚中
一物無有而育者行者無不包舉而無外惟一物無有所以能遥
萬有也此其體物不遺者無所不有而並育並行愈覺寬然而有
此要精微難窮川執筆何
餘惟無所不有所以不滯于象〻也大哉乾元萬物資始而靜翕

又過之

動闢各行其所無事蓋至誠之道無為而成而為屈信為往來一以貫之矣上天之載無聲無臭而魚躍鳶飛通上下而皆察蓋天道至教不言而信而其始無端其卒無既有本者如是耳蓋流者化也所以流者大德之敦化也要之豈有二德哉一而已矣

小德川流乃一物各具一太極此則所謂萬物統體一太極也

札得分明自然說得透快人遇此等題輒縮頸吐舌觀理熟時只如道家常話耳然其所從來者遠矣　方雲皋

大德敦

大德敦化　其二

一起横竪

涵天下之物理𦹵古今之變化而無所不貫者其本一而已矣夫以天地之化紛出而不可窮乃卒未見散而無紀雜亂而無章豈造物者亦一一而為之固知有小德以為之體而此小德者人豈一一而命之如必一事而各與一理一物而各賦一則無有本焉

一氣劲折而入

以主宰維綱其間則萬物必有時而盡四時必有時而息日月必有時而冥而化且亡而造物者且死今夫川之流也江淮河漢未

敦字本總川流兩字生來

分派別極天下之條理矣然而深深灝灝渾洪顓然亘古亘今流

即就川流生波愈奇愈出愈無際

而不止非有旺于不竭之源張其本而渟滀其勢安得有是而天

王蒻林句心集　中庸　戊行

○發○其○化○迭○換○於○之○至○七○八○行○大○字○一○氣○相○引○逶○〻○勃○〻○盤○天○
下之化觀之無端索之無朕空虛之中洞無一物然而縈紆盤鬱
○際○地○神○氣○到○時○真○不○可○知○其○所○至○也○
瀏漓豐美極天下之生者化者流行者相續以為開者紛紛綸綸
莫不立本于大虛而積之于不可覆當其彎汗漫入有無引之浩
蕰藏之幽深莫能究其所底止及其游之乎百物之會變化之途
委蛇磅礴大而並肆引之于前而不見其始推之于後而不見其
○纖○悉○
終是故事不過知能而極之聖人天地猶有憾也道不過飛躍而
推之上天下地無不容也大哉德乎其敦化也可謂至也已矣且
○不○將○大○德○小○德○對○作○兩○片○看○精○
大德固非可以分數盡也極其量則包舉宇宙含跨一切體物而
無外既其實則一塵之微而亦可以亘天屬地也一息之頃而亦

可以陵古鑠今也。蓋將自其分者而觀之，則一事一理，一物一則，而要不可謂之細；自其合者而觀之，則萬事一理，萬物一則，而究不可謂之粗也。而天何極乎？昔者仲尼之言天也，曰時行物生，不言而喻，夫有大德以敦之矣，而尚事言乎？仲尼之觀化也，曰逝者如斯，晝夜不舍，夫有大德以敦之矣，而豈有舍乎？烏虖！大道無根，與化為徐，一氣孔神，莫之與先，蓋直凌天地而游于無窮也，烏虖！豈不大哉。

思入仲尼作詠歎，妙甚。

直寫其為八股生活矣，奇甚。友靈鼎

大德敦 其二

王蒻林[illegible][illegible]集 中庸

大德敦化

秦大成

溯大化之源而知其無盡藏矣夫無以敦之曷為有是流焉靜溯化源大德固無盡藏耳今夫綜化功之消息而不究其醞釀之樞則名象紛紜有不得其總貫者矣惟於穆之理儲其用者無窮斯緘大之藏相為綜者靡盡一靜驗其所以然而造化之根柢可識矣小德川流是化焉耳雖然其流而不息者其恃源以往者也行生至著日以發大造之精華試思夫流之中何所經營而藏象肖肖其類以出可知統之有宗會之有原兩閒必無本之化育品彙繁衍漸以洩乾坤之機緘試思混闢之亦有何措置而應

竊遂有所托以息可知取之不禁用之不竭一元豈有〻盡之化工是蓋有大德焉化之流也有以斂之紀清寧奠位以後畀扶此不貳之主敦以為大化之鈞陶藉使為之雜者一物節之而有餘物〻以資之而不足氣機亦有險而不宏之慮則槁之者淺也豈知默操其樞而有以為通有以為復一任取携而摠注而此不貳之窔祕非光藏形氣之所能散是顯仁莫攀其藏用矣混沌開闢以來先裕此不已之真精以為造化之府奧竊使儲其精者一時綜之而見優時〻給之而見紗形象亦有久而以斂之虞則蓄之者薄也豈知學造其極而前無所始後無所終自為相摩而相盪而

此不也抑精更非洪纖高下之所能窮。是曰新一本於富有氣數。通有藏衰，陽九陰六，生物亦多耗敝，大德若有難為維持之勢，（流別亦題中應有之意）而究之品物自有消息，貞幹更無發露，蓋宅根既固，則氣數循環，不過大德中否泰剝復之機，而力摩神完，圓可涵濡蒙而紹貞元之易。休咎各以類應，朕兆隱伏，運行不無窒礙，大德亦似有不相嘗攝之慮，而究之還會自為災祥，太極儲無加損，蓋原本既深，則休咎變遷，猶見大德中陽慘陰舒之用，而渾淪涵蓋，固可叩闔闢，而溯絪縕之源。此萬殊之本，而小德之所恃以流焉者也。觀於此，而天地之大可識矣。

秦䕫園稿　中庸

堅城不易下。以談笑取之。綸巾羽扇風流。不圖遇於此題。趙奇

抽出化字。而以敦對流言。說理桶底脫。用筆翻水成。鞠思之

根極理要而不墳理語。前追熙甫。後躡靈皐。趙綬庭

大德敦

丈人曰

山東丁宗師歲入肥城縣學一名　田琦

避世而不樂與人言者、因問聖而不能不言焉、夫丈人者、子路所急欲其告以夫子者也、雖不樂與人、言亦豈能終於不言乎、嘗觀春秋時出世之士、多不樂與人言、乃不樂與言、又不得不與言、緣風塵之邂逅、豈有知音、當識面之餘、譏不無吐露、酬者皇皇、應者落落、甫啟口而其情自興、發機趣淵瀨為緣、又有丈人行吟澤畔、而遙想車中、聯以寄慨、滄陽作為外傷心之語、乃曲終不見、徒使聞歌者想像高懷、此事非丈人所能也、一葉水相逢、而誰悲失路耶、以東流僻避、繼當年洗耳之蹤、而纔濺鉅梁、徒使問津人彷徨中

道此意非大人所知也獨言丈人者草廬閒適膝長吟每切生不
逢堯舜之慨此其中有大不忍言者一旦峩冠博帶之儒猝然相
問則無窮之感觸有寓於不言之表者矣空山中嘯歌自遣常作
杜詩鬱紆底氣華亦雅健
伯仲閒伊呂之思此其中有無可與言者一旦斂佩雍容之士忽
而致詞則中情之纏綿有發於相叩之下者矣乃丈人於此一若
有不樂與子路言者有不得不與子路言者理亂而不聞矣衡泌
棲遲方且有快然自足之致何子路之以不入耳者來相詰乎長
止而休教子
為農夫則所言者農圃之樂桑麻足供閑話道途詎肯關心此而
殺黍日亭
有言固文人之所不樂者正愁此巾人識適成坑世之論安危而

弗恤矣太息輟耕夕日自目空一世之概何子將之以不相識老幾罽我乎挈家避世則所言者日用之常家庭之笑語依然世外之風波不問一時問答又丈人之所難已者正悲苦而陳謬作相知之鄉乃始則嚴翻以拒客繼且雅意以留賓而丈人直作竟夕之談知夫豈接輿沮溺者流耶

流水桃花香淨詩潤　原評

飛倩可人如風來翻幔月映花塢置諸禾茅叢中息不能數矣

在場

風姿秀逸可愛處如初日芙蓉　高自標

丈夫之冠也至母命之　安亘

欲以女子明丈夫先即父命例母命焉夫冠必父命以父亦丈夫也嫁必母命以母亦女子也禮不各從其類哉且子無論男女固莫非父母所鞠育而顧復者也乃嘉事以冠為重而纁裳以見不聞育我者有訓迪之辭婦人為嫁曰歸而西面陳詞不必生我者居諄復之責則豈内外攸分不容越歟抑亦言數而兼身教之章承為較易也吾何以謂子未學禮哉夫婦為人倫之綱紀親迎有醮禮何嘗不重丈夫昏弟責在成人則曳宗尊祖矣事何以行於宗廟日何以並於前期知不徒宿賓有文戒賓有文遂晏然於三

加祢尊之後問名為納吉之先聲稱字而笄禮何嘗不同於加服
弟職在從人則望深合好矣詩何以美夫雞鳴易何以占夫反目
知不徒以公宮有教宗室有教遂黙然於持踵泣下之餘不見丈
夫之冠乎或為醴辭或為字辭或為醮辭其命之出於賓者無論
也即見母母拜安在無期以成立之心而要之父為冠主則其禮
視母為尤宜矣且夫吾子有命某不敢從而棄而幼志諸言使然
賓承父命安得如是之駿厲嚴肅也哉則夫丁寧告誡父雖未有
明文而事必探原即謂丈夫之冠惟父命之可也若夫女子之嫁
也或為諸姑或為伯姊或為庶母命之出於他人者無論已即

父命在阼階。何嘗無若衣若笄之謂。而要之。所事以母爲主。則其禮爲猶宜矣。且夫命西階立而亦降。而施衿結帨諸儀。使非出自母氏。安見其能細微曲中也。故則夫衿鞶以視命。雖不止一人。而語有必詳。即謂女子之嫁。皆母命之可也。故使母而醮於客位。必詔以司晨。且何以知夫丈夫之所以爲丈夫也。父而親結其褵人將遺之巾帨。且何以悉夫女子之所以爲女子也。唯各盡其分所當然。而提撕互異。乃適符情理之亦同。至於丈夫而不注其鬚眉甘貽靦覥之誚。即父亦無可如何。亦女子而不安於靜好。時聞詬誶之聲。即母亦所不及料也。而適直乎事之至重。則責望良殷

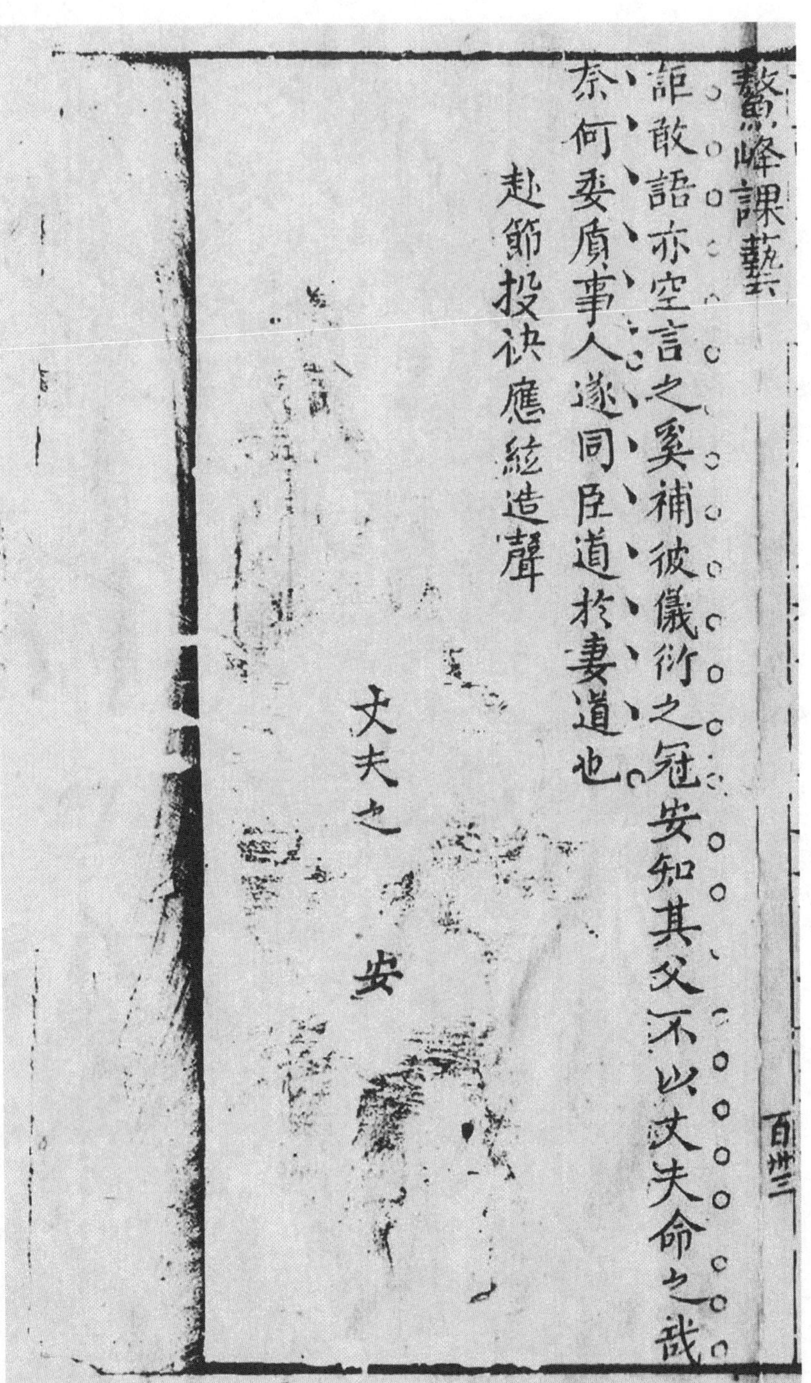

詎敢語亦空言之奚補彼儀衍之冠安知其父不以丈夫命之哉奈何委質事人遂同臣道於妻道也

趂節投訣應絃造聲

丈夫之　安

丈夫之冠　夫子（孟子）　沈淮

○○丈夫之冠　夫子　沈淮

大賢重丈夫之名述冠禮而問其異焉蓋父命不同于母命此丈夫所以異女子也彼丈夫也可徒曰無違而已哉此孟子所以小儀衍也意若曰君子學禮而後知丈夫之道丈夫之道非可以依阿人而無違者也若儀衍者既已不成丈夫矣而子獨大之何不觀禮所載丈夫女子之說也（卽○弟○下）夫丈夫之名豈輕也哉生而有四方之志是丈夫所以異也固非若女子之無非儀冠而責成人之禮是丈夫所以（為○云）始成也亦非若女子之無儀遂哉此先王制之禮經著為制與以敎夫（敎○夫○下○倒○裁○丈○夫○之○冠○上○要○深○絶○妙）下為人父為人臣為人子之道也而同丈夫之冠也父命之此豈與

[illegible]
女子同乎盛天女子之嫁則亦有禮矣男冠而成人女嫁而從人故
冠者男之始也而嫁者女之終也女子之嫁之禮則有母命矣父尊
而不親母親而不尊故父之命以著代也而母之命以明順也其禮
既異數而其辭亦異訓其言不聞于表著而其教不越于閨門往送
之門亦不踰閾也同往之女家女無家以男為家也既又曰必敬必
戒無違夫子則從之者也若將同夫子寔制命云爾母之戒命如此
焉亦猜出從禮辭從命上
其制大夫之冠而父之命者果何如哉一尋意必有升于阼階之家祝
去老矣
之儀而豈止門內之游吾意必有見于上見于大夫之禮而豈止女
家之行吾意必有教条第教忠順之節而豈止教戒無違之說

夫之與女子禮之並觀固已相遠矣夫儀衍則所謂無違者也

不成丈夫矣而又大之何哉

題重在下截不可從冠禮着解但下截語尚未了而上二句亦須映帶有情此文前用輕遞後幅却借冠禮作搠結搆既緊又恰畀虛步展巻中豈易如此合法何此贊

組織極工位置極妥

丈夫之冠也父命之女子之嫁也母命之　林瀛

命别以父母所以見丈夫女子之分也夫命冠在父而命嫁則在母丈夫不可同於女子惟學禮者知之今夫人即不得為大丈夫得為丈夫足矣蓋大丈夫與丈夫別而丈夫與女子又別也人於丈夫之所以為丈夫者漠然不察殆於丈夫之所以異於女子者未嘗深考乎吾今與子言禮禮莫重於別男女男子生懸弧於門左女子生設帨於門右固已明陰陽之義矣且女子無別稱而男子則隆以丈夫之號丈夫女子知識之深淺職分之尊卑烏得同先王之教丈夫也詳於教女子讀內則一篇自數讓就傅而後允

所為學樂誦詩舞勺舞象為丈夫植其基者不一而足而女子則不過十年不出紃酒漿治絲枲而已而尤著者莫如冠昏冠禮者責成人之禮於丈夫也昏禮者丈夫生而願為之有室女子生而願為之有家父母之同情也冠禮專為丈夫設而女子不與昏禮合丈夫女子而設而婦車未揖以肯壻往婦家拜迎奠鴈則丈夫之事為多丈夫之為丈夫固有大於女子子未聞丈夫之冠也父命之乎女子之嫁也母命之乎有從而疑之者謂冠從父命禮經何以不詳且見母毋拜者何為焉悉默無一語也不知筮日筮賓舉凡期待之深而胥寄諸卿大夫鄉先生之誥告殆不命而深於

命歟抑書缺有間歟至於命屬之母惟女子之嫁為宜耳雖父醴女而有命亦家庭之體則然而究非欲以冠禮之望丈夫者望女子也陽剛之稟迥異陰柔義方之嚴亦殊持踵人孰不為丈夫即孰不聆父命乃不奉父命以自立其無乃誤執母命之施於女子者而淺之為丈夫乎

只從丈夫異於女子上著筆骨節便自靈通覺抄寫禮經未免笛伯矣筆力尤雄勁絕倫

丈夫之冠也父命之女子之嫁也母命之　林瀛

欲以女子明丈夫先即父命例子命焉夫冠必父命以父亦丈夫也嫁必母命以母亦女子也禮不從其類哉且子無論男女固莫非父母所鞠育而顧復者也乃嘉事以冠為重而纚襲以見不間育我者有訓廸之辭婦人謂嫁曰歸而西面陳詞不必生我者居諄復之責則宜內外之分決不容越歟抑亦言教而兼身教之章承為較易也吾何以謂子為未學禮哉夫婦為人倫之綱紀親迎有醮禮何嘗不望夫大昏第責在成人則敬崇尊祖矣事何以行於宗廟日何以涖於前期知不徒以宿賓有文戒賓有文晏然於

鰲峯課藝　丙卅

鰲峰課藝

三加彌尊之後問名為納吉之先督稱字而并禮何嘗不同於加服第職在從人則望深今好矣詩何以美夫鷄鳴易何以占夫反目知不徒以公宮有教宗室有教遂戚然於持踵泣下之餘不見丈夫之冠乎或為醴辭或為字辭或為醮辭其命之於賓者無論已即見母之拜安在無期以成立之心而要之父為冠主則其禮視母為尤宜矣且夫吾子有命其敢不從而棄而功志諸言使非賓承父母安得如是之駿厲嚴肅也哉則夫丁寧誥誡父雖未有明文而事必探原即謂丈夫之冠唯父命之可也若夫女子之嫁也或為諸姑或為伯姊或為庶母廿六令之八字於他人者無論已即

丙卅

父在阼階何嘗無若衣若笄之記乎要之内事以母爲主則其禮視父爲尤宜矣且夫命諸西階二而不降而施衿結帨諸儀使非出自母氏安見其能細徵曲中也哉則夫衿鞶以視命雖不止一人而語有必詳即謂女子之嫁皆母命之可也故使母而醮於家位人必謂以司晨且何以知夫丈夫之所以爲丈夫也父而親結其禱人將遺之巾幗且何以悉夫女子之所以爲女子也唯各書其分所當然乎提撕互異乃適協乎情理之大同至於丈夫而不壯其鬚眉其貽閱觀之謂即父亦無可如何也女子而不安於靜好時聞詬誶之聲即母亦所不及料也而適值乎事之至重則責

望良殷詎煞語亦空言之奚補被儀衍之冠安知其父不以丈夫
命之哉奈何委質事人遂自同臣道於妻道也
赴節授袂應絃造聲

丈夫之

一林

丈夫之冠也父命之

江蘇督宗師科入　金以塾
嘉定縣學二名

冠禮有嚴命可想太夫之事焉夫丈夫之事綦重而冠則其始也命之自父其禮不甚嚴乎嘗思禮莫重于冠也者所以著其代也蓋幼儀之習方終而人道之立伊始故重其文者間緣乎有後嚴其訓者必本乎所生承宗祀而凜彝倫非自以為故事也將有成之責於是乎降焉丁以衍儀爲人丈夫亦未嘗學禮而觀丈夫之始事矣丈夫之生也桑弧蓬矢以射天地四方斯時咳而名之者非父乎然初服宜脩而不讓冠之以字丈夫之少也學樂誦詩以爲朝夕肄業斯時豫而敎之者非父乎然始基勿壞而未嘗加

之以尊乃未幾而儼然一丈夫矣可以冠矣其冠也以其為丈夫也一將以正容體齊顏色順詞令則此日之責備良賒而要於冠乎該之可不重其文乎筮日戒賓為大夫敬欽事就醮酌醴為大夫呼想父命血脉貫通淦厥儀諄諄然貽燕翼之謀者果誰為主之將以為人子為人弟為人臣則異日之事功方盛而皆於冠乎肇之可不嚴其訓乎立在阼階為丈夫啟主位見則奠贄為丈夫毅臣忠亹亹乎盡式穀之誨者又誰實司之其父命之也亦以其為大夫也以父之愛子也深深則出就外傳以來勉其幼學去其童心即未冠之先已不前後兩總極醒知幾為提命況其在冠之之時乎蓋惟愛之深斯命之篤而期待

無窮嘗緇布始加早程以聖賢之品量以父之望子也切切則雖服安禮以外克家有訓非類有箴雖既冠之後猶日惧遠于非夫況其仕冠之際乎為慎望之切斯命之勤而防閑維謹當毋追爾服務勖以遠大之謀歟是故為一世扶倫常者在此丈夫為一（法重丈夫早為下節在家如從父命一從不斷）身端名教者亦在此丈夫丈夫固陽德獨亨者也雖終身之位置奠難盡于目前而章著之餘必肇其端于嚴君之告誡且為千古對勳猷者不外此丈夫丈夫為百年植節概者亦不外此丈夫丈夫又到來方長者也況異日之聲稱寧非異人是任則載弁之下顯垂其意于乾父之丁寧男子之祥熊羆有兆燕貽之道禮義而基曾

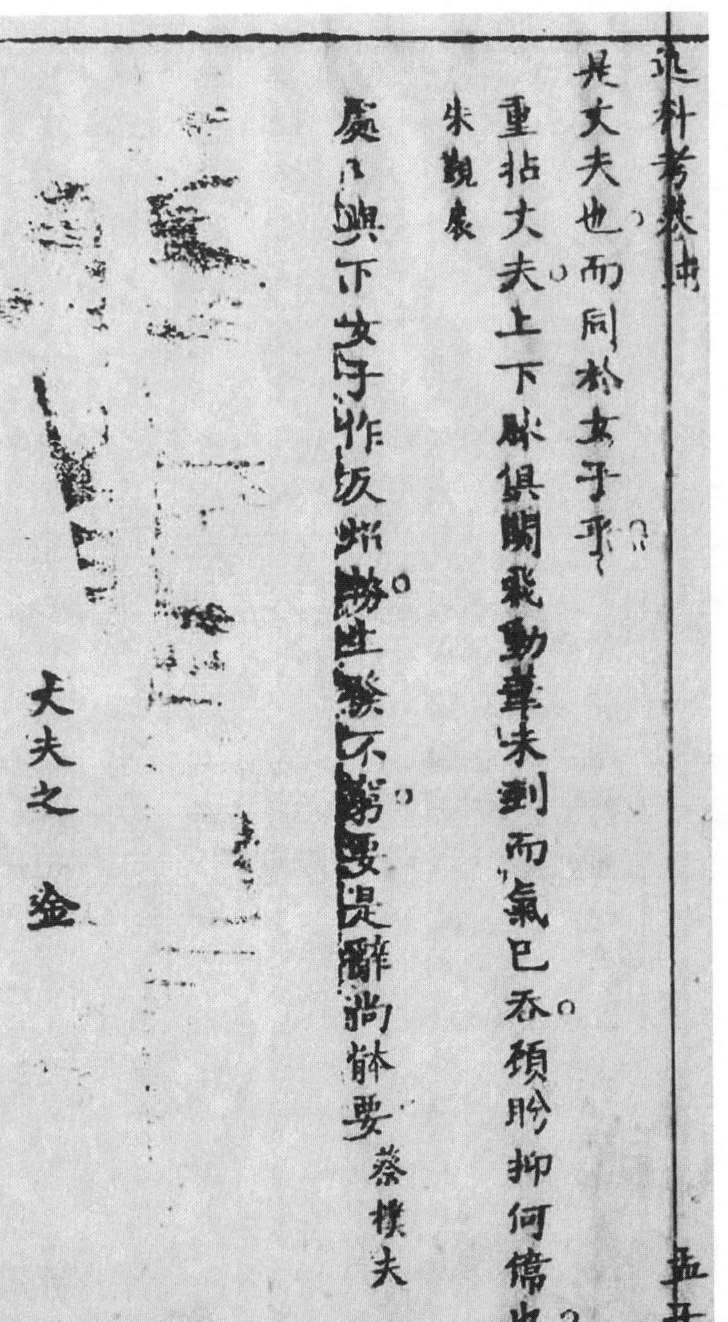

是丈夫也而同於女子乎

重拈大夫上下脉俱開飛動筆未到而氣已吞顧盼抑何偉也

朱觀裘

處處與下女子作反照勝出緊不鬆要是辭尚體要　蔡樸夫

大夫之

塗

丈夫之冠也父命之　許　穀

丈夫之冠也父命之　　許　穀

禮以父命而重所以別于非丈夫也夫命出于父似不獨丈夫為然照定女子而別之曰丈夫之冠則豈以猶是命而亦有不由于父者乎嘗觀國聽命于君家聽命于父禮也故以貴治賤則有命以尊臨卑則亦有命天下豈有無父之人哉顧何以同為所生而獨為之重其儀且為照定女子之敬其事則是家有嚴君而命之所行僅見之于子也總非所以敬天下之為人父也而顧別之曰父命之者何也以丈夫故也蓋當其始生也桑弧蓬矢早已欲其有事于四方則寵而異之者既非下[illegible]照定女子者所得而同而及其稍長也數目方名久已望其成人以著代則[illegible]

庚辰科小題文選

其成立者亦非鞠我者所得而問于斯時也吾意為之父者必然為之祝曰爾其學為人子乎學為人弟乎且學為人臣學為人少乎凡此者皆父之所日夜望之而惟恐命之不早者也而未遂及也何也以其猶未冠也未冠則繁纓鞶萃雖有常儀而膝下之瞻依要不出乎紛帨蘇鞶之外未冠則策目策賓時猶有待而三加之大典未可施之孩提色笑之餘乃無何而冠矣且儼然丈夫矣則自茲以往其必能直以事人而毋旋隨以諧俗于拗必能正以持己而毋苟且以狗人乎且必能服先王之服行先王之行而不為勢位富厚之所動乎此固父之所諄諄命之而不始于今茲者也然而父則慮之矣慮夫

嘉事之始而父兄之教不先則無論綣焉之蕩檢踰閑不得為所生之奠香而即其習為醇謹已非教事壹禮之心（婚以賓為正）且慮夫奠贄之初而禮義之防不立則無論綣焉之從畀祿薄不得為雜脉之遺存而即其僻厚履豈已非摯見贄賓之意致見而拜之者（婚以母）似亦有敬禮之義而臨之以父命則紱下尊也奠而取之者雖亦有齊繼之儀而別之而丈夫則則所重也由是而命之為子則必其翁親于道也命之為弟則必其日邁月征也命之為臣則必其縕衡糾謬命之為少則必其母勤說毋雷同也此皆父命之所不能已也而皆以丈夫故也（後以歸之命則繫大夫）

（讚以女子之嫁亦有思致）

非是則父親醮子而命之迎亦以重丈夫之禮耳夫豈以同為所生

而遂與無非無儀者同類而命之乎節旨本重下截為下文銜案作地作者全不理會却于丈夫上發出無數迂濶話頭謂與大丈夫關照而不知其絕不相蒙一謬也題面說冠題意知是引起女子之嫁其引女子之嫁只重無違夫子句耳搭楳冠義總同書抄二謬也文非不採取禮文却是泛射下截與呆疏題面者自有巧拙之辨丈夫不作張皇語亦能擺脫俗解

原評

認題誠如原評典雅亦有遂東仲輿遺音靈妙而不流于尖薄近科小題如此有筆有書者希矣

弋不射宿

劉輝祖

聖人不危物于安、亦聖人之仁也、夫射不能不危鳥也、宿則鳥安矣、而復危之、豈聖人愛物之仁哉、蓋恩動者危機也、靜者安象也、柔物之安而予之以危、則天下之物有不遑寧處耳、惟不特無危物之事、而特無危物之心、亦不必無危物之時、而能使物之已安者無後憂、之理如是、而物之不得其所者、亦已寡矣、子豈惟釣而不綱已哉、天取一物而予兩術之中、分仁不仁者、亦即取一物而于一術之中、亦寓仁不仁焉、不又有弋乎、予之弋、而豈猶夫人之射宿者迂、鳥常嚴而不常聚、豈天亦知人之工于得、而使之善將其餘也乎、失天欲不

本朝考卷小題儘中集　論語

能盡物而使避之而或者輒息有所棲以苟安而偷不離不闕
之矣是雖往而不得免也鳥藏往而莫藏來豈鳥亦知人之動靜
為惟恐藏之不深也乎夫鳥亦能必人之終不難之而或者慮患
有期然乎可以自藏而猶不免意外之禍是誠不知其死所也噫可
豈發題意何處得此清快之筆
以死物之具而不能先時而度其死與操可以死物之具而能先事
而度其死之一也而所以死者不一一之用于有所備一愚于無所備
也有所備者奈之死之而特假手于人之弋也無所備者乃人之死
之而特伏機于鳥之宿也物出于萬有一死之途而遁然而置之死
執物處于萬無二死之途而斷然而置之死上同也而所以死者不

同一在毀其死而中之一在忽其死而伺之也毀其死而死及之則適有數存焉而弋圖其死之道也忽其死而死亦及之則雖有數存焉而宿非其死之道也此夫子所以未嘗不弋而斷斷乎不射宿也

葉收住

且夫魚之得于釣得于網雖斃于死而猶得緩須臾焉鳥之得于弋與得于宿者則當其時而已無生矣故射已傷之也而況于宿乎憊

張云看在黑處

飛冥冥弋者何慕即夫子亦曷嘗志于弋也哉

繼華出之部語語是一句話頭澈爾超妙若用意不切漫矜爲華可注莊應是一派新油腔耳